초등 문해력
향상 프로그램

어휘편

어휘가 보여야
문해력이 자란다

문해력 잡는
초등 어휘력

A-3 단계

· 초등 2~3학년 ·

초등교과서에 나오는 과목별 학습개념어 총망라

★ 문해력 183문제 수록! ★

아울북

문해력의 기본,
왜 초등 어휘력일까?

21세기 교육의 핵심은 문해력입니다. 국어 사전에 따르면, 문해력은 '문자로 된 기록을 읽고 거기 담긴 정보를 이해하는 능력'입니다. 여기에 더해 글을 비판적으로 읽고 자신만의 관점을 가지는 것 역시 문해력이지요. 그러기 위해서는 문장을 이루고 있는 어휘의 뜻을 정확히 알고, 해당 어휘가 글 속에서 어떤 역할을 하고 있는지 깨닫는 과정이 필요합니다.

초등학교 3~4학년 시절 아이들이 배우고 쓰는 어휘량은 7,000~10,000자 정도로 급격하게 늘어납니다. 그중 상당수가 한자어입니다. 그렇기에 학년이 올라가면서 교과서와 참고서, 권장 도서 들을 받아드는 아이들은 혼란스러워 합니다. 해는 태양으로, 바다는 해양으로, 세모는 삼각형으로, 셈은 연산으로 쓰는 경우가 부쩍 늘어납니다. 땅을 지형, 지층, 지상, 지면, 지각처럼 세세하게 나눠진 한자어들로 설명합니다. 분포나 소통, 생태처럼 알 듯 모를 듯한 어려운 단어들이 불쑥불쑥 등장하기 시작합니다.

우리말이니까 그냥 언젠가 이해할 수 있겠지 하며 무시하고 넘어갈 수는 없습니다. 초등학교 시절의 어휘력은 성인까지 이어지니까요. 10살 정도에 '상상하다'나 '귀중하다'와 같이 한자에서 유래한 기본적인 어휘의 습득이 마무리된다는 연구 결과를 내놓은 학자도 있습니다. 반대로 무작정 단어 뜻을 인터넷에서 검색하고 영어 단어를 외우듯이 달달 외우면 해결될까요? 당장 눈에 보이는 단어 뜻은 알 수 있지만 다른 문장, 다른 글 속에 등장한 비슷한 단어의 뜻을 유추하는 능력은 길러지지 않습니다. 문해력의 기초가 제대로 다져지지 않는다는 의미입니다.

결국 자신이 정확하게 알고 있는 단어를 통해 새로운 단어의 뜻을 짐작하며 어휘력을 확장시켜 가는 게 가장 좋습니다. 어휘력이 늘어나면 교과 개념을 정확하게 이해하고, 학습 내용도 빠르게 습득할 수 있지요. 선생님의 가르침이나 교과서 속 내용이 무슨 뜻인지 금방 알 수 있으니까요. 이 힘이 바로 문해력이 됩니다. 〈문해력 잡는 초등 어휘력〉은 어휘력 확장을 통해 문해력을 키우는 과정을 돕는 책입니다.

정춘수 기획위원

문해력 잡는 단계별 어휘 구성

〈문해력 잡는 초등 어휘력〉은 사용 빈도수가 높은 기본 어휘(씨글자)240개와 학습도구
어와 교과내용어를 포함한 확장 어휘(씨낱말) 260개로 우리말 낱말 속에 담긴 단어의 다양한 뜻을
익히고 이를 통해 문해력을 키우는 프로그램입니다. 한자의 음과 뜻을 공유하는 낱말끼리 어휘 블
록으로 엮어서 한자를 모르는 아이도 직관적으로 그 관계를 파악할 수 있습니다. 초등 기본 어휘와
어휘 관계, 학습도구어, 교과내용어 12,000개를 예비 단계부터 D단계까지 전 24단계로 구성해 미
취학 아동부터 중학생까지 수준별 학습이 가능합니다. 어휘의 어원에 따라 자유롭게 어휘를 확장
하며 다양한 문장을 구사하는 능력을 기르는 동안 문장 사이의 뜻을 파악하는 문해력은 자연스럽게
성장합니다.

기본 어휘
초등 교과서 내 사용 빈도수가 높고, 일상
적인 언어 활동에서 기본이 되는 어휘

어휘 관계
유의어, 반의어, 동음이의어, 도치어, 상
하위어 등 어휘 사이의 관계

학습도구어
학습 개념을 이해하고 논리적으로 설명하
는 과정에 쓰이는 도구 어휘

교과내용어
국어, 수학, 사회, 과학, 한국사, 예체능
등 각 교과별 학습 내용을 정확히 이해하
는 데 필요한 개념 어휘

어휘력부터 문해력까지, 한 권으로 잡기

기본 어휘
하나의 씨글자를 중심으로
어휘를 확장해요.

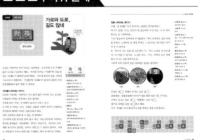

어휘 관계
유의어, 반의어, 전후
도치어 등의 어휘 관계를
통해 어휘 구조를 이해해요.

확장 어휘
둘 이상의 어휘 블록을
연결하여 씨낱말을 찾고
어휘를 확장해요.

어휘 퍼즐
어휘 퍼즐을 풀며 익힌 어휘를
다시 한번 학습해요.

종합 문제
종합 문제를 풀며
어휘를 조합해 문장으로
넓히는 힘을 길러요.

문해력 문제
여러 어휘로 이루어진 문장의 의미를
파악하고 글의 맥락을 읽어 내는
문해력을 키워요.

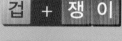

음식 없이는 못 살아!

食
먹을 식

식(食)이라는 한자말은 '뚜껑이 있는 그릇에
먹을 것이 담긴 모양'을 나타낸 글자예요.

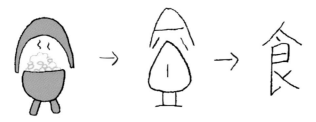

밥은 쌀밥뿐 아니라,
식사가 되는 모든 것을 말해요.

그래서 먹을 것, 밥을 가리키는 말이 되었어요.
우리가 먹고 마실 수 있는 것들은 모두 음식이라고 부르지요?
끼니 때가 되어 밥을 먹는 일은 식사라고 해요.
먹을 것을 생각하면서 빈칸을 채워 볼까요?
아침에 밥을 먹는 일은 아침 □사,
점심에 밥을 먹는 일은 점심 □사,
학교에서 밥을 주는 건 학교 급□,
식사와 식사 사이에 먹는 음식은 간□,
과일처럼 식사 뒤에 먹는 간단한 음식은 후□.

食   밥 식

■ 음식(飮마실 음 食)
먹고 마실 수 있는 것
■ 식사(食 事일 사)
끼니 때 밥을 먹는 일
■ 급식(給줄 급 食)
밥을 줌
■ 간식(間사이 간 食)
식사 사이에 먹는 음식
■ 후식(後뒤 후 食)
식사 뒤에 먹는 간단한 음식

비빔밥, 된장찌개 같은 한국 음식은
한식이라고 하죠?
그럼 각 나라의 음식은 어떻게 부를까요?
자장면, 짬뽕 같은 중국 음식은 중☐,
초밥, 우동 같은 일본 음식은 일☐,
스테이크, 스파게티 같은 서양 음식은 양☐.
우와. 너무 쉬운 거 아니에요?

食	음식 식

■ **한식**(韓한국 한 食)
한국 음식
■ **중식**(中중국 중 食)
중국 음식
■ **일식**(日일본 일 食)
일본 음식
■ **양식**(洋서양 양 食)
서양 음식

오늘은
외식이나 할까?

어서 오세요!

무 밭

집에서 먹지 않고 밖에서 밥을 사 먹는 것을 외식이라고 해요.
외식은 밖에서 먹는다는 뜻이거든요.

여기서 식(食)은 무엇을 뜻할까요? (   )

① 씩씩하다   ② 먹다   ③ 바깥   ④ 식구

답은 ②번이에요. 이렇게 식(食)에는 '먹다'라는 뜻도 있어요.
약국에서 약을 줄 때 "식후 30분, 하루 3회 복용하세요."라고
하잖아요.
밥을 먹기 전은 ☐전, 밥을 먹은 뒤는 ☐후예요.
그러니까 밥을 먹고 나서 30분 뒤에 약을 먹으라는 말이네요.

식당(食堂)은 밥을 먹는 곳이에요.
음식을 파는 집도 식당이라고 불러요.

食	먹을 식

■ **외식**(外바깥 외 食)
밖에서 먹음
■ **식전**(食 前앞 전)
밥을 먹기 전
■ **식후**(食 後뒤 후)
밥을 먹은 뒤
■ **식당**(食 堂집 당)
밥을 먹는 곳, 음식을 파는 집

여기에도 식(食)이 있네요!

맛을 보려고 시험 삼아 먹어 보는 게 시식이에요.

밥을 어떻게 먹나 생각하면서 빈칸을 채워 볼까요?

밥을 적게 먹는 것은 소☐이라고 해요.

우리 친구들은 소식하는 것보다 잘 먹는 게 더 좋아요.

그렇다고 지나치게 많이 먹으면 건강에 좋지 않아요.

지나치게 많이 먹는 건 과☐이지요.

食	먹을 식

- **시식**(試시험 시 食)
  시험 삼아 먹어 봄
- **소식**(小작을 소 食)
  적게 먹음
- **과식**(過지나칠 과 食)
  지나치게 많이 먹음
- **편식**(偏치우칠 편 食)
  좋아하는 것으로만 치우치게
  먹음
- **식구**(食 口입 구)
  먹는 입, 밥을 같이 먹는 사람

골고루 먹지 않고 좋아하는 것만 먹는 것은 뭘까요? (   )

① 영양식   ② 급식   ③ 한정식   ④ 편식

맞아요, 정답은 ④번이에요.

편식은 골고루 먹지 않고 한쪽으로 치우치게 먹는 것을 말해요.

좋아하는 것만 먹지 말고 골고루 먹어야겠죠?

먹일 입이 늘었다는 건

'식구'가 늘어난 거죠?

함께 지내며 밥을 같이 먹는

사람을 식구라고 불러요.

여기서도 먹는다는 뜻으로

쓰였네요.

위 그림처럼 '어떤 음식을 좋아하거나 싫어하는 성질'을
식성(食性)이라고 해요.

아무거나 잘 먹으면 '식성이 좋다'라고 하지요.

동물의 식성은 무엇을 먹느냐에 따라 분류하는 이름이 달라져요.

풀을 먹는 양은 초☐성,

고기를 먹는 호랑이는 육☐성,

이것저것 다 먹는 너구리는 잡☐성이라고 해요.

그럼 인간은요? 너구리처럼 잡식성이겠죠.

밥이 먹기 싫을 때도 있지요? 그때는 식욕이 없다고 해요.

식욕은 음식을 먹고 싶은
마음이거든요.

음식 욕심이 지나치면
탐내는 거예요.

그건 식탐이지요.

먹을 걸 너무 밝히면
'식탐이 많다'라고 해요.

食 먹을 식	性 성질 성
음식을 먹는 성질	

■ **초식성**(草풀초 食性)
풀을 먹는 성질
■ **육식성**(肉고기육 食性)
고기를 먹는 성질
■ **잡식성**(雜섞일잡 食性)
아무것이나 먹는 성질

食	먹을 식

■ **식욕**(食 慾욕심욕)
먹고 싶은 마음
■ **식탐**(食 貪탐낼탐)
먹는 것을 탐내는 마음

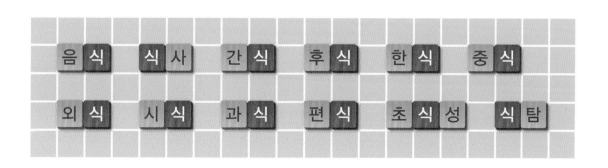

음식 식사 간식 후식 한식 중식

외식 시식 과식 편식 초식성 식탐

食
먹을 식

음식

식사

급식

간식

후식

한식

중식

일식

양식

외식

식전

식후

식당

1 공통으로 들어갈 한자를 따라 쓰세요.

음
간 초 성 食 육 성 사
소 먹을 식 후
구

2 어떤 낱말에 대한 설명인지 쓰세요.

1) 집에서 만들어 먹지 않고 바깥에서 사 먹음 ➡ ☐☐

2) 맛이 어떤지 시험 삼아 먹어 봄 ➡ ☐☐

3) 골고루 먹지 않고 좋아하는 것만 먹음 ➡ ☐☐

4) 식사와 식사 사이에 먹는 음식 ➡ ☐☐

5) 밥을 지나치게 많이 먹음 ➡ ☐☐

3 알맞은 낱말을 찾아 문장을 완성하세요.

1) 아침 ☐☐ 을(를) 걸렀더니 힘이 없어.

2) 음식 냄새를 맡으면 ☐☐ 이(가) 저절로 생기게 마련이야.

3) 내 동생은 소시지 반찬만 먹으려고 해. ☐☐ 이(가) 심해.

4) 학교 ☐☐ 에 내가 좋아하는 반찬이 나왔어.

5) 나는 ☐☐ 이(가) 좋아서 아무거나 잘 먹어.

10

4 문장에 어울리는 낱말을 골라 ○표 하세요.

1) 자장면, 짬뽕은 (중식 / 한식)이야.

2) 끼니 때가 되어 밥을 먹는 것은 (식사 / 간식)(이)야.

3) 밥을 먹고 나서 (후식 / 급식)으로 과일을 먹었어.

4) 마트에 가면 여러 음식을 (편식 / 시식)할 수 있어서 좋아.

5) 양은 풀을 먹는 (육식성 / 초식성) 동물이야.

5 그림을 보고, 외계인의 식성을 빈칸에 쓰세요.

1) ☐☐☐   2) ☐☐☐   3) ☐☐☐

6 그림을 보고, 빈칸에 들어갈 알맞은 낱말을 쓰세요.

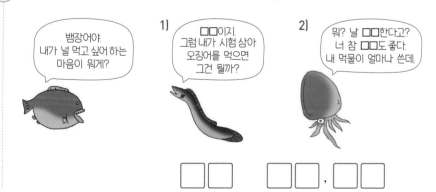

☐☐   ☐☐ , ☐☐

| 시식 |
| 소식 |
| 과식 |
| 편식 |
| 식구 |
| 식성 |
| 초식성 |
| 육식성 |
| 잡식성 |
| 식욕 |
| 식탐 |

제발 용돈 좀 더 주세요!

用
쓸 용

엄마, □□ 좀 더 주세요~.

여보, 나도 □□ 좀 올려줘.

위 그림의 빈칸에 들어갈 말은 뭘까요? (   )

① 용어   ② 용품   ③ 용돈   ④ 용구

정답은 ③번, 용돈이에요. 용돈은 '쓸 돈'이죠.
쓸데를 따로 정해 두지 않고 필요할 때마다 자유롭게 쓰는 돈을 말해요.
용(用)에는 이렇게 '쓰다'라는 뜻이 있어요.
인터넷에서 쓰는 말은 인터넷 용어,
공부할 때 쓰는 말은 학습 용어라고 하지요?
이렇게 어떤 분야에서 특별하게 쓰는 말을 용어라고 해요.

그림 공부할 때 쓰는 물건은 뭐라고 할까요? (   )

① 학용품   ② 목욕 용품   ③ 등산 용품

그렇죠. ①번, 학용품이에요. 목욕 용품은 목욕할 때,
청소 용품은 청소할 때, 등산 용품은 등산할 때 쓰는 물건이지요.

用	쓸 용

- 용(用)돈
(자유롭게) 쓸 수 있는 돈
- 용어(用 語말씀 어)
어떤 분야에서 특별하게 쓰는 말

用 쓸 용	品 물건 품
무언가를 할 때 쓰는 물건	

- 학용품(學공부할 학 用品)
공부하는 데 쓰는 물건
- 목욕(沐씻을 목 浴목욕할 욕) 용품
목욕할 때 쓰는 물건
- 청소(淸맑을 청 掃쓸 소) 용품
청소할 때 쓰는 물건
- 등산(登오를 등 山산 산) 용품
등산할 때 쓰는 물건

저런, 토끼가 친구를 제대로 놀리네요.
승용차는 사람이 타는 데 쓰는 차를 말해요.
용달차는 물건을 배달하는 데 쓰는 짐차이고요.

돼지가 올 때 길이 많이 막혔어요.
그런데 옆 차선은 텅 비어 있는 거예요.
돼지가 아빠에게 이렇게 말했죠.

　돼지 : 아빠, 옆 차선이 비었어요. 저리로 달려요.
　아빠 : 안 돼. 저기는 버스 □□ 차선이야.
　돼지 : 아, 버스만 다니는 길이구나!

用	쓸 용

■ 승용차(乘탈승 用車차 차)
　사람이 타는 데 쓰는 차
■ 용달차(用 達보낼달 車)
　물건을 배달하는 데 쓰는 차

> 빈칸에 들어갈 말은 무엇일까요? (　　　)
>
> ① 용돈　　　② 사용　　　③ 전용　　　④ 용품

맞아요. 정답은 ③번, 전용이에요.
전용(專用)은 '오로지 혼자 쓰는 것'을 말해요.
버스만 쓰는 차선은 버스 전용 차선,
축구할 때만 쓰는 운동장은 축구 전용 구장이지요.
환자만 타는 엘리베이터는 환자 전용 엘리베이터예요.
그럼 여자만 쓰는 것은 뭘까요?
당연히, 여성 전용이지요!

專	用
오로지 전	쓸 용
오로지 혼자 씀	

■ 버스 전용
■ 축구 전용
■ 환자 전용
■ 여성 전용

용(用)과 어울려서 '쓰다'라는 뜻을 나타내는 낱말들이 많아요.

用	쓸 용

- **사용**(使부릴 사 用)
부려 씀
- **이용**(利이로움될 이 用)
도움이 되게 씀
- **일회용품**(一한일 回번회
用 品물건품)
한 번 쓰고 버리는 물건

활용, 사용, 이용은 모두 '쓰다'를 뜻해요.
하지만 이 말들을 사람에게 쓸 때는 조심해야 해요.
'영수를 이용하자'라는 말은 영수를 물건처럼 생각하는 게
되잖아요. 쓰고 버리겠다는 말이 되니, 영수가 들으면
무척 화가 나겠죠? '활용'이나 '사용'도 마찬가지예요.

소용은 '쓸데'라는 말이야. 바람이너무 세서 우산으로 비를 피할 수 없으니 소용없다고 한 거야.

'일회용'이니까 버려도 된다고요? 무슨 말일까요?
종이컵이나 나무젓가락은 일회용품이거든요.
한 번만 쓰고 버리는 물건이라는 뜻이에요.

活	用
살 활	쓸 용
살려 씀	

- **재활용**(再다시재 活用)
버리지 않고 다시 살려 씀
- **재활용품**(再活用品)
재활용 해서 쓰는 물건

이런 것을 버리지 않고 다시 살려 쓰는 것은 뭐라고 할까요?(   )

① 활용   ② 둘활용   ③ 재활용   ④ 다활용

정답은 재활용이에요. 재활용해서 쓰는 물건은 재활용품이지
요. 재활용을 잘하면 돈도 절약하고 자연도 보호할 수 있다고요!

用	쓸 용

■ **학습용**
학습에 쓰임

■ **게임용**
게임에 쓰임

■ **가정용**
집에서 쓰임

■ **학생용**
학생들이 쓰는 용도

■ **교사용**
교사 용도

■ **식용**(食먹을 식 用)
먹는 것으로 씀

■ **애완용**(愛 사랑할 애 玩 장난할 완 用)
사랑하고 함께 놀기 위한 것

엄마가 화나셨나 봐요. 공부하는 데 쓰라고 컴퓨터를
사 줬더니 게임 하는 데만 써서 그렇죠.
그런데 위의 빈칸에는 어떤 말이 들어갈까요?
맞아요! 빈칸에 들어갈 말은 '용'이에요.
공부할 때 쓰면 학습용, 게임할 때 쓰면 게임용이죠.
이렇게 용(用) 앞에 붙은 말을 보면 어디에 쓰이는지,
어디서 쓰는지, 누가 쓰는지를 알 수 있어요.
가정용은 집에서 쓰는 것, 학생용은 학생들이 쓰는 것이죠.
그럼 선생님들만 쓰시는 화장실은 뭐라고 할까요?
교사용 화장실이에요.
선생님을 한자말로 '교사'라고 하잖아요.
오른쪽 그림을 봐요. 으악!
아저씨가 강아지를 '식용'으로 생각했나 봐요.
식용은 먹는 거예요. 애완용은 사랑하는 거고요.
아저씨, 우리는 강아지를 사랑한다고요!

교사용은
교사 전용의
줄임말이야.

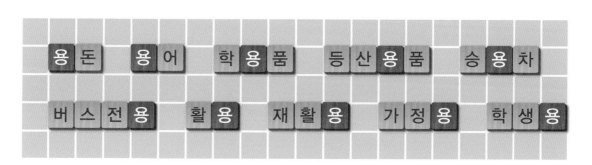

쓸 용

용돈

용어

용품

학용품

목욕 용품

청소 용품

등산 용품

승용차

용달차

전용

버스 전용

축구 전용

환자 전용

여성 전용

① 공통으로 들어갈 한자를 따라 쓰세요.

어									활
돈	재	활		用		일	회	품	사
품				쓸 용					식

② 어떤 낱말에 대한 설명인지 쓰세요.

1) 사람이 타는 데 쓰는 차 ➡ ☐☐☐

2) 자유롭게 쓸 수 있는 돈 ➡ ☐☐

3) 한 번 쓰고 버리는 물건 ➡ ☐☐☐☐

4) 버리지 않고 다시 살려 씀 ➡ ☐☐☐

5) 목욕할 때 쓰는 물건 ➡ ☐☐☐☐

③ 알맞은 낱말을 찾아 문장을 완성하세요.

1) 아빠랑 나는 엄마에게서 매주 ☐☐ 을(를) 받아 써.

2) 너무 급해서 선생님들만 쓰는 ☐☐☐ 화장실에 갔어.

3) ☐☐☐☐ 을(를) 많이 사용하면 환경이 오염된대.

4) 우리 강아지는 ☐☐☐ 이지 식용이 아니야!

5) 컴퓨터를 잘 ☐☐ 하면 숙제하기 편해.

4 문장에 어울리는 낱말을 골라 ○표 하세요.

1) 공부할 때 쓰는 물건은 (등산 용품 / 학용품)이야.

2) 물건을 배달하고 다니는 차는 (승용차 / 용달차)야.

3) 컴퓨터를 학습용보다는 (식용 / 게임용)으로 많이 써서 엄마에게 혼났어.

4) 인터넷에서 쓰는 말은 인터넷 (용어 / 용품)(이)라고 해.

5) 등산을 하려면 (등산 용품 / 목욕 용품)을 잘 챙겨야지.

5 그림을 보고, 빈칸에 들어갈 알맞은 낱말을 쓰세요.

6 그림을 보고, 빈칸에 들어갈 알맞은 낱말을 쓰세요.

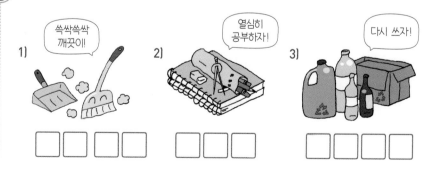

사용
이용
일회용품
활용
재활용
재활용품
학습용
게임용
가정용
학생용
교사용
식용
애완용

우리는 배우는 학생

學 배울 학

자, 학생들 오늘은 토끼에 대하여 배울 거예요.

학교에도 학! 학생에도 학! '학'은 무슨 뜻일까요? (   )

① 배우다   ② 숙제하다   ③ 운동하다   ④ 사귀다

맞아요! 정답은 ①번. 학(學)은 '배우다'는 뜻이에요.
우리가 모여서 선생님께 배우는 곳은 학교,
우리는 배우는 사람인 학생이지요.
그럼 학부모는 무슨 말일까요? 배우는 부모라고요?
아니에요! 공부하는 학생의 부모를 말해요.
큰 소리로 읽으면서 다음 빈칸을 채워 봐요.
우리는 □생, 아빠 엄마는 □부모!
연필, 공책처럼 우리가 공부할 때 쓰는 물건은?
그렇죠! □용품이에요.
어른들은 일을 하고 우리는 공부를 하죠?
어른들의 일은 직업, 우리가 하는 일인 공부는 학업이에요.
그럼 우리가 다니는 학원은 뭘까요?
공부하는 집이라는 뜻이지요.

學 배울 학

■ 학교(學 校학교 교)
배우는 곳

■ 학생(學 生사람 생)
배우는 사람

■ 학부모
(學 父아비 부 母어미 모)
학생의 부모

■ 학용품(學 用쓸 용 品물건 품)
공부하는 데 쓰는 물건

■ 학업(學 業일 업)
공부하는 일

■ 학원(學 院집 원)
공부하는 집

* 개는 한자로 견(犬 개 견)이에요.

學 배울 학

■ 견학(見볼견 學)
보고 배움

■ 유학(留머물유 學)
머물면서 배움

■ 학비(學 費비용비)
공부하는 데 드는 돈

■ 장학금(獎칭찬할장 學 金돈금)
공부 잘하라고 칭찬하고 격려하면서 주는 돈

하하, 견학은 '볼 견(見)', '배울 학(學)'이 합쳐진 말로,
실제로 가서 보고 배우는 것을 말해요.
견학과 비슷한 말이 현장 학습이에요. 공장이나 소방서처럼
실제로 어떤 일이 벌어지고 있는 곳을 '현장'이라고 하잖아요.

현장에 직접 가서 배운다는 말이에요.
그럼 '학습'은 무엇일까요?
학습은 배우고 익혀서 내 것으로 만드는
거예요.
빈칸을 채우면서 새 말을 배워 볼까요?
새로운 걸 직접 경험하며 배우고
익히는 건 체험 □□,
누가 시키지 않아도 스스로 배우고
익히는 건 자율 □□,
배우고 익힌 내용을 정리하는 공책은 □□장.
공부를 하기 위해 외국으로 유학을 가는 사람도 있지요?
유학은 '머물 유(留)', '배울 학(學)'이 합쳐진 말로, 외국에 머물
며 공부한다는 뜻이에요.
외국에서 공부하려면 돈이 많이 들겠죠?
공부하는 데 드는 돈은 학비라고 해요. 교육비라고도 하지요.
하지만 공부를 잘하면 장학금을 받기도 해요.
장학금은 공부 잘하라고 격려하며 주는 돈이지요.

學 배울 학 習 익힐 습

배우고 익힘

■ 현장 학습(現나타날현 場장소장 學習)
배울 것이 있는 곳에 직접 찾아가서 하는 학습

■ 체험 학습(體몸체 驗경험할험 學習)
몸으로 경험하는 학습

■ 자율 학습(自스스로자 律규칙율 學習)
스스로 규칙을 정해서 하는 학습

■ 학습장(學習 帳공책장)
학습한 것을 정리하는 공책

초등학교에 입학했던 때가 생각나나요?

입학은 학교에 들어간다는 말이에요.

여기서 학(學)의 뜻은 무엇일까요? 맞아요, '학교'를 뜻해요.

아침에 학교에 어떻게 가요?

걸어서 가기도 하고, 차를 타고 가기도 하지요?

이렇게 수업을 받으러 집에서 학교로 오가는 걸 통학이라고 해요.

'오갈 통(通)', '학교 학(學)'을 썼지요.

그럼 이사를 해서 학교를 옮기는 건 뭐라고 할까요? (　　　)

① 재학　　　② 진학　　　③ 전학　　　④ 퇴학

너무 쉽죠? ③번, 전학이에요. '옮길 전(轉)', '학교 학(學)'이잖아요. 전학 온 학생은 전학생이에요.

재학은 지금 학교에 다니고 있다는 말이지요.

'재'가 '있다'라는 뜻이거든요.

재학생은? 지금 학교에 다니고 있는 학생을 말해요.

진학은 상급 학교로 가는 거예요. 초등학교를 졸업하면

중학교로 진학하잖아요.

여러분은 지금 몇 학년이에요? 학년은 공부한 해를 말해요.

한 학년을 어떤 기간으로 나눈 건 학기고요.

우리나라는 한 학년이 2학기지요. 하지만 한 학년이 3학기인

나라도 있어요.

學 **학교 학**

■ **입학**(入들입 學)
학교에 들어감

■ **통학**(通오갈통 學)
학교에 오고감

■ **전학**(轉옮길전 學)
학교를 옮김

■ **전학생**(轉學 生사람생)
학교를 옮긴 사람

■ **재학**(在있을재 學)
학교에 다니고 있음

■ **재학생**(在學生)
학교에 다니고 있는 사람

■ **진학**(進나아갈진 學)
상급 학교로 올라감

■ **학년**(學 年해년)
학교에서 공부한 해

■ **학기**(學 期기간기)
한 학년을 어떤 기간으로
나눈 것

🔔 **학창 시절**

학창(學 窓창문창)은 원래 학교의 창문을 뜻해요. 하지만, 정말로 창문을 말하는 건 아니고, '학교'를 가리켜요. 그래서 '학창 시절'이라고 하면 '학교에 다닐 때'라는 말이 되는 거지요.

저런, 발음이 비슷하죠? 항문은 똥구멍이에요. 그럼 학문은요?
'배울 학(學)', '물을 문(問)'. 즉 물음을 통해 배우는 거예요.
늘 질문을 하면서 끊임없이 생각하고 연구한다는 뜻이죠.
이런 일을 하는 사람을 학자라고 해요. 이때 학(學)은 '학문'을
뜻하겠죠? 그래서 학문 이름에는 '학' 자가 붙어요.
빈칸을 채우면서 학문의 종류를 알아볼까요?
수를 연구하는 학문은 수☐,
어떤 나라의 말을 연구하는 학문은 어☐,
역사를 연구하는 학문은 역사☐이에요.
과학의 '과'는 조목조목 나눠서
따져 본다는 말이에요. 그러니까
과학은 우리가 사는 세계를 하나
하나 나눠서 따져 보고 깊이
연구하는 학문이네요.

`UFO학`권위자 `나 외계`박사

동물을 연구하는 학문은 동물 과학을 줄여서 동물학, 식물을 연
구하는 학문은 식물 과학을 줄여서 식물학이라고 한답니다.

학교

학생

학부모

학용품

학업

학원

견학

유학

학비

장학금

학습

현장 학습

체험 학습

자율 학습

학습장

1 공통으로 들어갈 한자를 따라 쓰세요.

교									견
생	전	생	學	체	험	습	유
문			배울 학				진

2 어떤 낱말에 대한 설명인지 쓰세요.

1) 집에서 학교로 오고감 ➡ ☐☐

2) 물음을 통해 배움 ➡ ☐☐

3) 학문을 하는 사람 ➡ ☐☐

4) 공부하는 데 드는 돈 ➡ ☐☐

5) 학교를 옮기는 일 ➡ ☐☐

3 알맞은 낱말을 찾아 문장을 완성하세요.

1) 이번 시험에서 1등을 해서 ☐☐☐ 을(를) 받았어.

2) 나는 학교까지 걸어서 ☐☐ 하고 있어.

3) 미국으로 ☐☐ 을(를) 가서 새로운 공부를 하고 올래.

4) 우리 모둠은 아이스크림 공장에 ☐☐ 을(를) 갈 거야.

5) 다른 학교로 ☐☐ 가면 꼭 편지할게.

4 문장에 어울리는 낱말을 골라 ○표 하세요.

1) 초등학교를 졸업하면 중학교로 (진학 / 전학)을 해.

2) 수를 연구하는 학문은 (수학 / 과학)이지.

3) 식물을 연구하는 학문은 (동물학 / 식물학)이야.

4) 유민이는 내년에 영국으로 (유학 / 견학)을 가.

5) 누가 시키지 않아도 스스로 학습하는 (체험 학습 / 자율 학습)이 필요해.

5 그림을 보고, 빈칸에 들어갈 알맞은 낱말을 쓰세요.

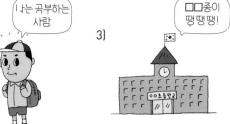

1) 공부할 때 필요해.

2) 나는 공부하는 사람.

3) □□종이 땡땡땡!

6 그림을 보고, 빈칸에 들어갈 알맞은 낱말을 쓰세요.

1) 곤충을 관찰하는 □□ 공부를 해요.

2) 숫자를 다루는 □□ 시험을 봅니다.

입학
통학
전학
전학생
재학
재학생
진학
학년
학기
학창 시절
학문
학자
수학
어학
역사학
과학
동물학
식물학

물지 말고, 질문해

척척 박사 강연회
"무엇이든 물어봐!"

"질문 있어요!"
수업 시간에 많이 쓰는 말 중 하나가 '질문'이에요.
모르는 것, 궁금한 것이 있을 때 질문을 하죠?
이렇게 궁금해서 묻는 걸 질문이라고 해요.
여기서 문(問)은 '묻다'를 뜻해요.
'문(問)' 자가 들어간 다른 말을 찾아볼까요?

의문의 시체가
발견되었습니다!

냐!

여기 의문의
발자국이 있군!

의문은 의심하여 묻는다는 말이에요.
'의문'을 거꾸로 하면 '문의'가 되지요?
문의는 궁금한 것을 묻고 의논한다는 말이에요.
그런데 문의의 '의(議)'는 의심하는 게 아니에요.
여기서는 의논한다는 뜻이거든요.

問 **물을 문**

■ **질문**(質 물을 질 問)
　의문을 가지고 물음
■ **의문**(疑 의심할 의 問)
　의심하여 물음
■ **문의**(問 議 의논할 의)
　묻고 의논함

🔔 **의문문**
의문문은 듣는 사람에게 의문을 나타내는 문장이에요. 묻는 말이니까 끝에 '?'(물음표)가 붙지요.

問 | 물을 문

- **반문**(反되받을 반 問)
  되받아 물음
- **문답**(問 答답할 답)
  묻고 답함
- **자문자답**(自스스로 자 問自 答)
  스스로 묻고 스스로 답함

이렇게 질문을 받았는데 대답은 하지 않고,
되받아 묻는 것을 반문이라고 해요.
'되물음'이라고도 하지요.
어른이 물으시면 우선 대답부터 해야겠지요?
질문이 있으면 답이 있어야 해요.
묻고 답하는 것은 문답이에요.

스스로 묻고 스스로 대답하는 선 뭐라고 힐끼요? (　　　)

① 자문자답
② 척척박사
③ 요술 거울
④ 검색창

問 | 물음 문

- **문제**(問 題물음 제)
  물음

딩동댕! 정답은 ①번, 자문자답이에요.
설문 조사라는 말, 많이 들어 봤지요?
사람들의 의견이 궁금할 때 질문을 만들어 대답을 들어 보는 거
예요. 설문을 위해 만든 종이인 설문지로 조사하잖아요.
여기서 설문(設問)은 물음을 만든다는 뜻이에요.
문(問)에는 '물음'이라는 뜻도 있거든요.
우리가 많이 푸는 문제도 원래 물음을 뜻하는 말이에요.

設 | 問
만들 설 | 물음 문
물음을 만듦

- **설문지**(設問 紙종이 지)
  설문을 위해 만든 종이

외계인의 방문이라고요?

방문은 어떤 사람이나 장소를 찾아가는 것을 말해요.

어? 묻는 게 아니었네요.

그래요. 문(問)에는 '찾아가다', '방문하다'라는 뜻도 있어요.

퀴즈! 찾아가 위로하는 것을 뭐라고 할까요? (　　)

① 위문　　　② 설문　　　③ 문안　　　④ 문상

정답은 ①번 위문이에요. 국군 아저씨께 위문편지 써 봤나요?

문상 왔어요!

컥! 문상이라니! 빨리 죽으라고?

저런, 알맞은 낱말을 우리가 찾아 줄까요?

병든 사람을 찾아가 위로하는 건 ☐병,

죽음을 슬퍼하기 위해 찾아가는 것은 ☐상.

문상과 비슷한 말로 조문도 있어요. 상을 당한 사람을 찾아가

위로한다는 뜻이지요.

問	찾을 문

訪 찾을 방	問 찾을 문
찾아가서 만남	

■ **문병**(問 病병 병)
병든 사람을 찾아가 위로함

■ **문상**(問 喪죽음 상)
죽음을 슬퍼하기 위해 찾아감

■ **위문**(慰위로할 위 問)
찾아가 위로함

■ **조문**(弔위문할 조 問)
상을 당한 사람을 찾아가 위로함

🔔 **문안**

웃어른께 문안 인사를 드린다는 말 들어봤죠? 문안(問물을 문 安편안할 안)은 편안히 계신지 묻는 거예요.

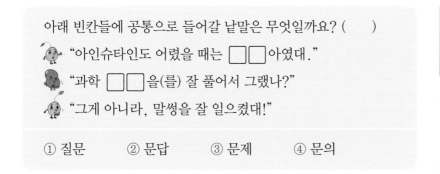

問	題
물을 문	물음 제
귀찮은 일이나 말썽	

아래 빈칸들에 공통으로 들어갈 낱말은 무엇일까요? (　　　)

"아인슈타인도 어렸을 때는 □□아였대."

"과학 □□을(를) 잘 풀어서 그랬나?"

"그게 아니라, 말썽을 잘 일으켰대!"

① 질문　　　② 문답　　　③ 문제　　　④ 문의

정답은 ③번 문제예요. 그런데 감자 군이 '문제'라는 말을 오해했군요. 오렌지 양이 말한 문제는 '물음'이 아니에요. '귀찮은 일이나 말썽'을 가리키는 말이지요.

아래 그림을 보세요. 뭔가 문제가 있어 보이죠? 어떤 문제인지 보기에서 찾아 써 볼까요?

🔔 말썽을 일으키는 아이는 문제아, 말썽을 일으키는 학생은 문제 학생이라고 부르지요.

보기

환경 오염 문제

주택 문제

교통 문제

(교통 문제)　　　（　　　　）　　　（　　　　）

답은 차례대로 '환경 오염 문제'와 '주택 문제'예요.
'문제'는 이렇게 해결하기 어려운 일이나 걱정거리를
가리킬 때도 쓰지요.

질문　의문　문의　반문　문답　문제

설문　방문　문병　문상　위문　조문

問
물을 문

질문

의문

문의

의문문

반문

문답

자문자답

문제
(물음)

설문

설문지

1 공통으로 들어갈 한자를 따라 쓰세요.

의
제 · 설 · 지 · 問 · 자 · 자답 · 질
병

질
의
반

물을 문

2 어떤 낱말에 대한 설명인지 쓰세요.

1) 사람이나 장소를 찾아감 ➡ ☐☐

2) 어른들께 편안히 계신지 물음 ➡ ☐☐

3) 질문을 되받아 다시 물음 ➡ ☐☐

4) 의심하여 물음 ➡ ☐☐

5) 귀찮은 일이나 말썽 ➡ ☐☐

3 알맞은 낱말을 찾아 문장을 완성하세요.

1) ☐☐이(가) 더 없으면 오늘 수업은 여기서 마치겠습니다.

2) ☐☐☐의 끝에는 물음표를 붙여야 해.

3) 궁금한 점이 있으시면 아래 전화번호로 ☐☐ 해 주세요.

4) 지금부터 스마트폰 이용 습관에 대한 ☐☐ 조사를 시작하겠습니다.

5) 쓸데없는 ☐☐ 만들지 말고, 수학 ☐☐부터 풀어.

4 문장에 어울리는 낱말을 골라 ○표 하세요.

1) 수업 시간에 궁금한 것이 있어서 선생님께 (의문 / 질문)을 했어.

2) 스스로 묻고 스스로 대답하는 건 (자문자답 / 설문)이야.

3) 유민이는 아픈 수정이를 위해 (문병 / 문상)을 갔어.

4) 국군 아저씨께 (조문 / 위문)편지를 썼어.

5) 아인슈타인도 어렸을 때는 (문제아 / 문의아)였대.

5 그림을 보고, 빈칸에 들어갈 알맞은 낱말을 쓰세요.

1) ☐☐ 편지

2) 빨리 나으세요. ☐☐

3) 환경 오염 ☐☐

6 그림을 보고, 빈칸에 들어갈 알맞은 낱말을 쓰세요.

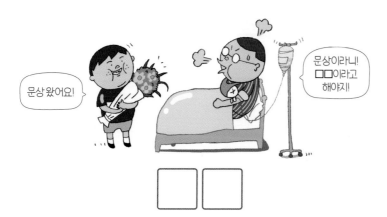

문상 왔어요!

문상이라니! ☐☐이라고 해야지!

☐☐

| 방문 |
| 문병 |
| 문상 |
| 위문 |
| 조문 |
| 문안 |
| 문제 (귀찮은 일이나 말썽) |
| 문제아 |

바른 줄서기, 바른 발자국

바르다

얘들아, 밥 먹을 시간이다. 냐옹냐옹, 멍멍…

줄을 바르게 선 쪽은 강아지일까요, 고양이일까요?

맞아요, 고양이들이 바르게 줄을 섰네요.

고양이들이 줄을 바르게 서 있다는 것을 어떻게 알았어요?

고양이들이 선 줄은 구부러지거나 튀어나온 곳이 없잖아요.

바르다는 이렇게 구부러진 곳이 없다는 말이에요.

잘 좀 그려 봐!

①

②

쩝… 내 맘대로 잘 안 되네.

선을 곧게 그리세요.

선을 곧게 그리라는 건, 무슨 밀일까요?

구부러진 곳이 없게 바르게 그리라는 말이에요.

그럼 선을 곧게 그린 친구는 누구일까요?

맞아요. ①번 친구네요.

곧다는 '바르다'와 비슷한 말이지요.

바르다

구부러지거나 튀어나온 곳이 없다

■ **곧다**
'바르다'의 비슷한 말

🔔 **'곧다'의 쓰임**
그런데 '줄을 곧게 서다'라고는 말하지 않아요. 하지만 '팔을 곧게 뻗다' 또는 '나무가 곧다'라고 할 수는 있지요.

바 르 다
비뚤어지지 않게 제대로

아하, 뭉치가 오해를 했네요!

바르게 개라는 말은,

이불장에 들어갈 크기로 비뚤어지지

않게 네모반듯하게 개라는 말이에요.

바르다에는 이렇게

'비뚤어지지 않게 제대로'라는 뜻이 담겨 있지요.

그림 의자에 바르게 앉은 사람은 누구일까요? (   )

① ② ③

맞아요, ③번 친구만 의자에 바르게 앉아 있네요.

이렇게 제대로 앉지 않으면

선생님이나 부모님께서 이렇게 말씀하시죠. "똑바로 앉아!"

자세가 바르지 않으면 나중에 허리에 병이 날지도 몰라요.

그러니 항상 자세를 바르게 해야겠죠?

🔔 **똑바르다**
'똑바르다'는 '바르다'를 강조
해서 말하는 거예요.

바르다

맞다, 옳다

■ 바른말

옳은 말, 맞는 말

임금님은 벌거벗은 게 맞잖아요.

소년은 사실 그대로 이야기한 것뿐인데….

이렇게 옳은 말을 바른말이라고 해요.

여기서 바르다는 '맞다, 옳다'를 뜻하거든요.

그럼 바른말은요?

당연히 옳은 말, 맞는 말이지요.

민호가 시험을 보고 있네요.

> '바르게 연결하라'는 문제는 어떻게 풀까요? (   )
>
> ① 자를 대고 줄을 긋는다.   ② 구불구불하게 줄을 긋는다.
> ③ 옳은 답을 찾는다.

맞아요, 정답은 ③번. 옳은 답을 찾으라는 거였군요.

🔔 올바르다

'올바르다'는 옳고 바르다는 말이에요. '똑바르다'처럼 바르다를 강조하는 말이지요.

🔔 옳은 답을 찾으라는 여러 가지 표현들

"맞는 답은?"

"바르게 연결한 것은?"

"다음 중 올바른 것은?"

문제를 이해하지 못해서 시험을 망치면 억울하니까 잘 알아 두세요.

생각이나 행동에서도 바른 것을 찾을 수 있어요.

민호처럼 인사를 잘하면,
어른들이 인사성이 바르다고 하죠.
인사를 잘한다고 칭찬하는 말이에요.
그럼 '예의가 바르다'는 말은 무슨 말일까요?

'예의가 바르다'는 예의를 잘 지킨다는
말이에요.
　인사를 잘하고, 예의를 잘 지켜서
'바른' 어린이라고 칭찬을 받는 말
이지요.
　　이럴 때 바르다는
'마땅히 따르거나 지켜야 할 것을 지킨다'는 뜻이에요.
'바르다'가 이 뜻으로 쓰이는 말에는 또 어떤 것이 있을까요?
마음을 바르게 가지면, 마음가짐이 ☐☐다라고 하고,
생각을 바르게 가지면, 생각이 ☐☐다라고 해요.

> ### 바르다
> 마땅히 지키거나 따라야
> 할 것을 지키다
>
> 🔔 **바른 생각**
> 생각이나 마음이 바르다는 것
> 은 그릇된 마음을 갖지 않는다
> 는 말이에요.
>
> 🔔 **바른손**
> 바른손은 오른손, 바른편은 오
> 른편이에요. 그럼 오른손은 바
> 르고 왼손은 그릇되었다는 말
> 일까요?
> 그럴 시는 않아요. 오른손의 '오
> 른'이 '옳다'와 소리가 비슷할
> 뿐이에요.

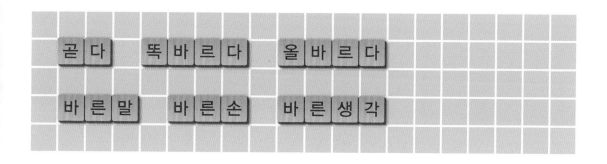

바르다

바르다
(구부러지거나
튀어나온 곳이
없다)

곧다

바르다
(비뚤어지지
않게 제대로)

똑바르다

1 공통으로 들어갈 낱말을 쓰세요.

- 인사를 잘 하면 인사성이 ☐☐☐.
- 마음을 바르게 가지면, 마음가짐이 ☐☐☐.
- 생각을 바르게 가지면, 생각이 ☐☐☐.
- 바르다를 강조하여 말하면, 똑☐☐☐.
- 옳고 바르다를 강조하여 말하면 올☐☐☐.

→ ☐ ☐ ☐

2 밑줄 친 낱말의 뜻을 알맞게 연결하세요.

1) 선을 <u>바르게</u> 그리세요. •

2) 이불을 <u>바르게</u> 개렴! •

3) <u>바른</u> 답을 고르세요. •

4) 생각이 <u>바른</u> 어린이구나! •

• ① 마땅히 지키거나 따라야
　할 것을 지킨다.

• ② 맞다, 옳다

• ③ 비뚤어지지 않게 제대로

• ④ 곧게

3 알맞은 낱말을 찾아 문장을 완성하세요.

1) 주운 물건의 주인을 찾아 주는 것은 ☐☐ 행동이야.

2) 희철이는 동네 어른들께 인사를 잘하는 인사성이 ☐☐ 어린이야.

3) 글씨를 ☐☐☐ 써야 해.

4) ☐☐ 대로 말하면 용서해 줄게.

5) 인터넷 신조어보다는 ☐☐☐ 을(를) 사용해야 해.

4 밑줄 친 낱말과 뜻이 같은 낱말을 고르세요. ( )

> 글씨를 <u>바르게</u> 써야 공부가 더 잘 된단다.

① 똑바르게   ② 오른손으로

③ 예의 바르게   ④ 사실대로

5 그림을 보고, 공통으로 들어갈 낱말을 빈칸에 쓰세요.

아이들이 ☐☐☐   의자에 ☐☐☐
줄을 서 있습니다.   앉았어요.

6 다음 중 바르게 갠 이불은 무엇인지 고르세요. ( )

①

②

③

④

바르다
(맞다, 옳다)

바른말

올바르다

바르다
(마땅히 지키
거나 따라야 할
것을 지키다)

바른 생각

바른손

참일까, 거짓일까?

참

화장실에서 귀신 손이 쑥 올라와서… 빨간 휴지 줄까, 파란 휴지 줄까?

아빠 화장실.

아빠 그게 참말이에요?

딸이 아빠의 귀신 얘기가 사실이라고 믿나 봐요.
참말이냐고 물으니 말이에요. '거짓이 없는 말'이 참말이에요.
'참말'의 반대말은 뭘까요? 거짓말이죠.
'참말로 믿다'에서 '참말로'는 무슨 뜻일까요?
참말이 거짓이 없는 말이니,
참말로는 사실 그대로라는 뜻이죠.
비슷한 말로
'정말로', '진짜로'라고도 하잖아요.
아빠가 한 말을 바꿔서 넣어 볼까요?
"그걸 (   ) 믿었단 말이야?"
어때요? 말이 잘 통하죠?
여기서 참은 '거짓이 없다', '사실'이라는 뜻이에요.
'참'의 반대말은 거짓이에요.
그럼, 아래 빈칸을 채워 보세요.
"올챙이는 자라서 개구리가 됩니다." 이 말은 ☐이에요.
"1+1=3", 이 등식의 값은 '참'이 아니라, ☐☐이지요.

하하, 그걸 참말로 믿었단 말이야?

참
거짓이 없는

■ 참말
거짓이 없는 말
■ 참말로
사실 그대로 = 정말로, 진짜로
■ 거짓
참의 반대말
■ 거짓말
거짓인 말

참

거짓이 없는

■ **참으로**
진짜로, 정말로
■ **참되다**
진실하고 올바르다
■ **참답다**
진실하고 올바르다

다음 중에서 참으로와 뜻이 <u>다른</u> 말은 무엇일까요? (　　　)

① 진짜로　　② 징말로　　③ 거짓으로　　④ 사실 그대로

맞아요. ③번은 오히려 '참으로'와 반대가 되는 말이잖아요.
참으로는 '진짜', '사실'이라는 걸 강조하는 말이에요.

정직하게 대답한 나무꾼처럼 진실하
고 올바르게 행동하면 '참'이 될 수
있어요.
참되다는 진실하고 올바르다는
뜻이거든요.
비슷한 말로는 참답다가 있어요.

🔔 **참하나**

'참하다'는 마음에 쏙들게 예쁘
고 얌전하다는 뜻이에요. 옛날
에는 주로 여자를 칭찬하는 말
이었어요. 하지만 여자라고 무
조건 얌전하기보다, 씩씩하면
서 예의 바른 사람이 좋지 않을
까요?

그럼 빈칸을 채워 계속 읽어 볼까요?
☐다운 사랑은 대가나 이익을 바라지 않는
진실하고 올바른 사랑이에요.
남에세 보이거나 칭찬받으려고 하는 게 아니라, 진실하고 올바
른 마음으로 하는 봉사는 ☐다운 봉사라고 할 수 있지요.

참
거짓 없는 진실한

■ **참모습**
진실한 모습

■ **참사랑**
거짓 없고 진실한 사랑

■ **참마음**
거짓 없고 진실한 마음

■ **참뜻**
거짓 없고 진실한 뜻

■ **참여행**
진실하고 올바른 여행

■ **참세상**
진실하고 올바른 세상

하하, 딸이 아빠의 '참모습'을 제대로 봤네요.
멋있게 보이려고 말과 행동을 꾸미면
사실 그대로의 모습과 달라져 버리죠?
꾸미지 않은 본래의 모습을 참모습이라고 해요.
여기에서 참은 '거짓 없고 진실하다'라는 뜻이에요.
'진실하다'는 뜻을 생각하며 빈칸을 채워 읽어 볼까요?

거짓 없고 진실한 사랑은
□사랑이죠.
　부모님의 사랑도 '참사랑'이
에요. 부모님은 우리를 사
랑하는 척 꾸미시는 게 아
니잖아요.
　진짜로 사랑하시거든요.
　거짓 없고 진실한 마음은
□마음, 거짓 없고 진실한 뜻은
□뜻이에요. 진실하고 올바르다는 뜻으로
'참'을 붙여 새로운 말을 너 만들 수도 있어요.
진실하고 올바른 여행은 □여행,
진실하고 올바른 세상은 □세상이지요.

🔔 **참살이**
'참살이'란 말 많이 들어봤죠?
'행복, 편안함'이라는 뜻의 영
어 웰빙(wellbeing)의 우리말
표현이에요.
'참+살이'니까 자연과 하나 되
는 건강하고 올바른 생활이란
말이죠.

<table>
<tr><td>참
대표가 되는</td></tr>
</table>

- 참개구리
- 참매미
- 참새

<table>
<tr><td>참
잘생기고 맛 좋은</td></tr>
</table>

- 참가자미
- 참호박
- 참배
- 참깨
- 참기름

🔔 못생기고 맛이 없으면
뭐라고 할까요?

아직 덜 익은 호박은 '올호박'이
라고 하고, 작고 시어서 먹을
수 없는 배는 '똘배'라고 해요.

🔔 참다래

키위는 다래의 한 종류예요. 원
래 외국에서 들어온 과일이지
만, 우리 땅에서 키워 낸 예쁘
고 맛있는 다래라서 '참다래'라
고 부르지요.

참개구리는 가장 흔해서 대표가 되는 개구리예요.

개구리라고 하면 우리가 제일 먼저 떠올리는 모습을 하고 있죠.

이렇게 참은 가장 흔해서 대표가 되는

동물들 이름 앞에 붙이는 말이기도 해요.

그럼 대표가 되는 동물들을 더 찾아볼까요?

가장 흔해서 대표가 되는 매미의 이름은? ☐매미,

☐새도 주변에서 가장 흔하게 볼 수 있는 새죠.

또 모양이 잘생기고 맛이 좋아서 대표가 되기도 해요.

가자미 중에 가장 맛이 좋은 가자미는 ☐가자미,

호박 중에서 가장 잘생기고 맛 좋은 호박은 ☐호박,

시지 않고 큼직해서 먹기 좋은 배는 ☐배예요.

깨 중에서 고소하고 향기가 좋은 깨는 뭐라고 부를까요?

참깨예요. 참깨로 만든 기름은 참기름이죠.

이렇게 모양이 좋거나 품질이 좋으면 '참'이라는 말을 붙여요.

참

참말

참말로

거짓

거짓말

참으로

참되다

참답다

참하다

참모습

참사랑

참마음

참뜻

① 공통으로 들어갈 낱말을 쓰세요.

말					되 다
뜻	살 이		개 구 리	사 랑
깨					기 름

② 어떤 낱말에 대한 설명인지 쓰세요.

1) 거짓이 없는 말 ➡ ☐☐

2) 진실하고 올바르다 ➡ ☐☐☐

3) 거짓이 없고 진실한 사랑 ➡ ☐☐☐

4) 진실하고 올바른 세상 ➡ ☐☐☐

5) 꾸미지 않은 진실한 모습 ➡ ☐☐☐

③ 알맞은 낱말을 찾아 문장을 완성하세요.

1) 모처럼 진짜 어행디운 ☐☐☐ 을(를) 했구나.

2) 한낮이 되도록 안 일어나다니, ☐☐☐ 게으르구나!

3) 이 배는 ☐☐ 라서 아주 큼직하고 맛있어.

4) 부모님의 사랑은 거짓이 없고 진실한 ☐☐☐ 이야.

4 문장에 어울리는 낱말을 골라 ○표 하세요.

1) 가장 흔해서 대표가 되는 개구리를 (참개구리 / 청개구리)라고 해.

2) 진실되고 올바른 여행을 (첫여행 / 참여행)이라고 해.

3) 주변에서 가장 흔하게 볼 수 있는 새를 (참새 / 철새)라고 해.

4) 호박 중에서 가장 잘생기고 맛 좋은 호박을 (참호박 / 애호박)이라고 해.

5) 깨 중에서 고소하고 향기가 좋은 깨를 (검은깨 / 참깨)라고 해.

5 그림을 보고, 공통으로 들어갈 낱말을 빈칸에 쓰세요.

6 다음 중 참인 문장을 모두 고르세요. (,   )

① 1 더하기 1은 0입니다.

② 참깨로 참기름을 만듭니다.

③ 황소개구리는 참개구리입니다.

④ 올챙이는 자라서 개구리가 됩니다.

⑤ 우리나라의 계절은 봄, 여름, 겨울 이렇게 3계절입니다.

참여행
참세상
참살이
참개구리
참매미
참새
참가자미
참호박
참배
참깨
참기름
참다래

가로와 도로, 길도 많네

街 路
거리 가 ＿ 길 로

유의 한자

가? 로? 길?
어디로 가라는
거야?

52가
52길
52로

○○택배

도로는 사람이나 차가 다니는 길이에요. 도로처럼 도시 주변의 넓은 도로를 가로라고 해요. 거리를 뜻하는 '가(街)'와 길을 뜻하는 '로(路)'가 합쳐진 낱말이에요. 가로에 줄지어 심은 나무를 가로수라고 하잖아요. '가(街)'와 '로(路)'가 들어간 낱말은 우리 일상생활에서 많이 접할 수 있어요.

거리를 나타내는 가(街)

도로와 가로에는 사람이나 차가 많지 않은 한적한 곳도 있지만, 사람들과 가게로 북적대는 곳도 많아요.
무엇을 파는 가게, 즉 상점이 늘어선 거리는 상가,
도시의 큰 거리는 시가, 수많은 건물과 사람이 있어서 번잡하고 번성하여 화려한 거리는 번화가라고 해요.
이런 곳들에서 흔히 볼 수 있는 건 뭘까요?
길거리에 온갖 물건을 벌여 놓고 파는 가판 상인들과 가판하는 물건을 올려놓은 가판대예요. 맛있는 먹을거리, 신문이나 잡지, 예쁜 장신구나 장난감, 옷이나 신발 등 그 종류도 많지요. 아마도 사람들이 시가나 번화가를 구경하는 재미 중 하나일 거예요.

街 路
거리 가 ＿ 길 로

도시 주변의 넓은 도로

- **도로**(道 길 도 路)
  사람이나 차가 다니는 길
- **가로수**(街路 樹 나무 수)
  길가나 도로에 줄지어 심은 나무
- **상가**(商 장사 상 街)
  상점이 늘어선 거리
- **시가**(市 도시 시 街)
  도시의 큰 거리
- **번화가**
  (繁 번성할 번 華 빛날 화 街)
  번성하여 화려한 거리
- **가판**(街 販 팔 판)
  길거리에 물건을 벌어 놓고 파는 일
- **가판대**(街販 臺 대 대)
  가판하는 물건을 놓기 위하여 설치한 대

길을 나타내는 로(路)

이제, '길 로(路)' 자가 들어가는 낱말을 알아볼까요?

여기서 잠깐! '로'는 낱말의 맨 앞글자로 쓰일 때는 '노'로 써야 한다는 것 기억하세요.

"너무 힘들어서 길바닥에 주저앉았어."에서 길바닥은 길의 표면을 뜻하는 노면이나 길 위를 뜻하는 노상이라는 한자말로 바꾸어 쓸 수 있어요.

또 "버스가 가는 길을 잘 모르겠어."는 "버스 노선을 잘 모르겠어."로 바꿀 수 있지요. 노선은 버스, 기차, 비행기 등이 정해 놓고 다니는 길을 뜻하거든요.

그밖에 여러 종류의 길을 나타내는 낱말도 볼까요?

- **노면**(路 面표면면)
  길의 표면. 길바닥
- **노상**(路 上윗상)
  길 위
- **노선**(路 線줄선)
  버스, 기차, 비행기 등이 정해 놓고 다니는 길
- **대로**(大큰대 路)
  큰길
- **통로**(通통할통 路)
  통해서 오가는 길
- **험로**(險험할험 路)
  다니기 힘든 험한 길
- **경로**(經지날경 路)
  거쳐서 지나는 길
- **여로**(旅나그네여 路)
  여행하는 길
- **진로**(進나아갈신 路)
  앞으로 나아갈 길

대로   험로   통로

큰길은 대☐ , 통해서 오가는 길은 통☐ ,

울퉁불퉁, 꼬불꼬불해서 다니기 힘든 험한 길은 험☐ 이지요.

거쳐서 지나는 길은 경☐ , 여행하는 길은 여☐ ,

앞으로 나아갈 길은 진☐ 라고 해요.

모두 '로(路)' 자가 들어가서 길을 뜻하는 말을 만들었네요.

수목은 나무와 나무

樹 木
나무 수 나무 목

유의 한자

수목이 울창하군.

월화수목금토일?

나무는 우리에게 시원한 그늘과 맛있는 열매를 주지요. 또 종이
와 화장지, 책상도 되어 주고요. 이렇게 고마운 나무를 수목이
라고도 해요. 수목은 '나무 수(樹)' 자와 '나무 목(木)' 자가 합쳐
진 낱말이에요. 나무에 대한 고마움을 생각하면서 나무를 나타
내는 낱말을 더 찾아볼까요?

나무를 나타내는 수(樹)

매년 4월 5일은 나무를 심는 날로 정한 식목일이에요.
식목은 나무를 심는다는 뜻이에요. 식수라고도 해요.
휴식을 취하고 좋은 공기를 마시고 싶은 사람들이 즐겨 찾는 곳
은 어디일까요? 나무를 심고 가꾸는 곳인 수목원이지요.
수목원에 가면 여러 종류의 나무들을 볼 수 있어요.
소나무처럼 사계절 항상 푸른 상록□,
잣나무처럼 잎이 바늘처럼 가늘고 뾰족하게 생긴 침엽□,
오동나무처럼 잎이 넓적한 활엽□도 있지요.
이 나무들이 잘 자라려면 햇볕과 공기, 영양분 그리고 땅속에서
나무의 줄기를 통해 잎으로 올라가는 수액이 필요해요.

樹 木
나무 수 나무 목
나무

■ **식목**(植심을식 木)
나무를 심음

■ **식목일**(植木 日날일)
나무를 심는 날

■ **식수**(植樹)
나무를 심음

■ **수목원**(樹木 園동산원)
나무를 많이 심고 가꾸는 곳

■ **상록수**(常항상상 綠푸를록
樹)

■ **침엽수**(針바늘침 葉잎엽 樹)

■ **활엽수**(闊넓을활 葉樹)

■ **수액**(樹 液액체액)
땅속에서 나무의 줄기를 통해
잎으로 올라가는 액

'수(樹)'는 '세우다'는 뜻도 있어요. 어떤 일에 필요한 틀이나 방법을 세우는 것을 수립하다라고 해요. 나무도 심어서 세우는 것이니 모두 같은 갈래라고 할 수 있지요.

나무를 나타내는 목(木)

나무와 함께 짝꿍을 이루는 낱말도 있어요.

나무와 돌은 목석, 풀과 나무는 초목이에요.

옮겨 심기 위해 가꾼 어린나무는 묘목이라고 해요.

반대로 오래된 나무는? 맞아요. 고목이지요.

식목과 반대로 나무를 베는 일은 벌목,

벌목으로 건축이나 가구 따위에 쓰이는 재료는 목재라고 해요.

나무를 이용해서 만드는 것과 관련된 낱말들도 많아요.

나무를 다루어 물건을 만드는 일은 □공,

나무로 물건을 만드는 것이 직업인 사람은 □수,

나무로 말의 모양을 만든 물건은 □마,

나무로 만든 물건은 □조라고 해요.

나무로 무엇을 만들 때는 네모지게 잘 깎은

나무인 각목을 많이 사용하지요.

미술에도 나무가 쓰이는데, 나무

에 새긴 그림판은 목판이에요.

이 밖에도 나무는 공기를 맑게 해

주고 가뭄이나 홍수도 막아 준답

니다.

- **수립**(樹 세울 수 立 설 립)
  어떤 일에 필요한 틀이나 방법을 세움
- **목석**(木 石 돌 석)
  나무와 돌
- **초목**(草 풀 초 木)
  풀과 나무
- **묘목**(苗 모종 묘 木)
  옮겨 심기 위해 가꾼 어린나무
- **고목**(古 옛 고 木)
  오래된 나무
- **벌목**(伐 벨 벌 木)
  나무를 벰
- **목재**(木 材 재목 재)
  나무로 된 재료
- **목공**(木 工 장인 공)
- **목수**(木 手 사람 수)
- **목마**(木 馬 말 마)
- **목조**(木 造 만들 조)
- **각목**(角 각 각 木)
  네모지게 잘 깎은 나무
- **목판**(木 版 판목 판)
  나무에 새긴 그림판

낱말밭 블록 맞추기

❶ 공통으로 들어갈 낱말을 쓰세요.

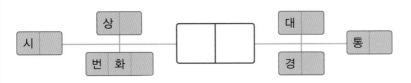

| 가로 |
| 도로 |
| 가로수 |
| 상가 |
| 시가 |
| 번화가 |
| 가판 |
| 가판대 |
| 노면 |
| 노상 |
| 노선 |
| 대로 |
| 통로 |
| 험로 |
| 경로 |
| 여로 |
| 진로 |

❷ 주어진 낱말을 넣어 문장을 완성하세요.

1) 시 / 상 가
이 도시에는 큰 거리인 ☐☐ 가 있고, 여기에는 여러 상점이 늘어선 ☐☐ 가 발달해 있어.

2) 가 판 / 판 / 대
직접 만든 장신구를 ☐☐ 하기 위해 길가에 ☐☐☐ 를 설치했어.

3) 노 면 / 상
길의 표면은 ☐☐ , 길 위는 ☐☐ 이다.

4) 통 / 대 로
저기 보이는 큰 ☐☐ 를 지나 오른쪽으로 꺾으면 좁은 ☐☐ 가 보이는데, 거기를 지나면 우리 집이야.

5) 진 / 경 로
거쳐서 지나는 길은 ☐☐ , 앞으로 나아갈 길은 ☐☐ 이다.

❸ 문장에 어울리는 낱말을 골라 ○표 하세요.

1) 고속 (도로 / 가로)에 차들이 많아서 길이 막혔어.

2) 상인들이 길거리에 (가로 / 가판)을(를) 벌여 놓고 물건을 팔고 있어.

3) 비가 내리면 (노면 / 상가)이(가) 미끄러우니 조심해서 운전해야 해.

4) 극장의 (진로 / 통로)가 좁으면 안전사고가 날 수 있어.

5) 우리 동네는 버스 (노선 / 험로)이(가) 많아서 이동이 편해.

낱말밭 블록 맞추기 樹木 나무수 나무목

1 공통으로 들어갈 낱말을 쓰세요.

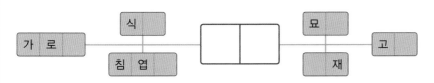

가 로 ─ 식 / 침 엽 ─ [　　] ─ 묘 / 재 ─ 고

수목
식목
식목일
식수
수목원
상록수
침엽수
활엽수
수액
수립
목석
초목
묘목
고목
벌목
목재
목공
목수
목마
목조
각목
목판

2 주어진 낱말을 넣어 문장을 완성하세요.

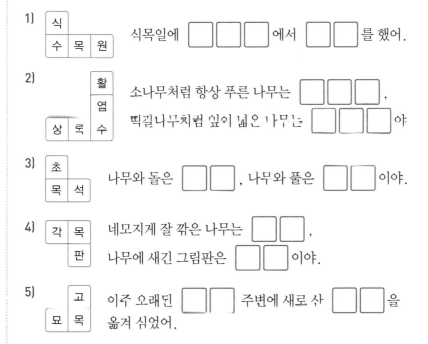

1) 식 / 수 목 원

식목일에 [　][　][　] 에서 [　][　] 를 했어.

2) 활 엽 / 상 록 수

소나무처럼 항상 푸른 나무는 [　][　][　], 떡갈나무처럼 잎이 넓은 나무는 [　][　][　] 야.

3) 초 / 목 석

나무와 돌은 [　][　], 나무와 풀은 [　][　] 이야.

4) 각 목 / 판

네모지게 잘 깎은 나무는 [　][　], 나무에 새긴 그림판은 [　][　] 이야.

5) 고 / 묘 목

아주 오래된 [　][　] 주변에 새로 산 [　][　] 을 옮겨 심었어.

3 문장에 어울리는 낱말을 골라 ○표 하세요.

1) (목조 / 목수)의 정성스런 손길이 담긴 (목마 / 목공)을(를) 선물 받았어.

2) 식목일에 어린 (묘목 / 벌목)을 많이 심었어.

3) 난 늘 푸르른 (상록수 / 침엽수)처럼 살고 싶어.

4) (벌목 / 수목)을 많이 해서 산이 벌거숭이가 되었어.

5) 나무가 많은 (동물원 / 수목원)에 가니까 머리가 맑아지더라.

**올라가자 승!
내려가자 강!**

昇 오를 승 　降 내릴 강

반의 한자

높은 건물에 올라가거나 내려갈 때는 엘리베이터를 타죠? 엘리베이터는 '오를 승(昇)', '내릴 강(降)' 자를 써서 승강기라고도 해요. 승강은 오르고 내리는 의미를 모두 담은 낱말이네요. 이렇게 '승(昇)'이 들어가면 오르다, 올라가다는 뜻을 가진 낱말이 되고, '강(降)'이 들어가면 내리다, 떨어지다는 뜻을 가진 낱말이 돼요.

올라가는 것은 승(昇)

회사를 다니시는 부모님이 직위가 오르는 승진을 하면 기쁘겠죠? 태권도나 바둑을 배울 때 가장 기쁠 때는?

네, 급수나 등급이 올라가는 승급이겠지요. 태권도 승급 심사를 받아본 친구들도 있죠? 승급은 실력이 그만큼 좋아졌다는 뜻이에요.

지위나 격이 올라가는 승격도 있어요. 보통 어떤 도시가 읍에서 시로 등급이 오른다든지,

군인이 장군의 지위에 오를 때 승격한다고 말하죠.

昇 오를 승	降 내릴 강
오르고 내림	

■ **승강기**(昇降 機기계 기)
사람이나 화물을 아래위로 나르는 장치

■ **승진**(昇 進나아갈 진)
직위가 오름

■ **승급**(昇 級등급 급)
급수나 등급이 오름

■ **승격**(昇 格지위 격)
지위나 격이 오름

하늘로 올라가는 것은 승천, 어떤 것이 더 훌륭한 상태로 높이 올라가 발전하는 것은 승화라고 해요. 화가의 슬픔과 외로움이 예술로 승화될 때 훌륭한 작품이 탄생한다고 하죠.

내려가는 것은 강(降)

올라가면 내려오는 일도 있다고 했지요?

높은 곳에서 낮은 곳으로 내려오는 것을 하강이라고 해요. 상승과 반대말이에요. 번지 점프도 높은 곳에서 하강하는 것이고, 하늘에서 내려오는 선녀도 땅으로 하강한 것이라고 할 수 있겠죠?

안타깝게도 등급이나 계급이 내려가는 것은 강등이라고 해요.

그런데 내려와서 좋은 것도 있어요.

신이 하늘에서 인간 세상으로 내려오는 건 강림이에요. 옛 신화에는 신이 강림하여 인간들이 살기 좋은 나라를 세웠다는 이야기들이 꽤 나오거든요.

하늘에서 적당하게 내려오면 좋은 것들이 또 있지요?

맞아요. 비와 눈이에요. 예로부터 비와 눈의 양을 재는 일은 매우 중요한 일이었어요. 농사일에 도움을 주거나 변덕스러운 기후에 대비하기 위해서였죠.

한곳에 일정한 기간 동안 내린 비의 양은 강우량,

내린 눈의 양은 강설량이라고 해요.

그럼 강수량은요? 비와 눈뿐만 아니라 우박, 안개 등으로 내린 모든 물의 양을 말해요. 물은 너무 넘치거나 부족해도 안 되지요.

승천(昇 天하늘 천)
하늘로 올라감

승화(昇 華빛날 화)
어떤 것이 더 훌륭한 상태로 높이 올라가 발전하는 것

하강(下아래 하 降)
높은 곳에서 낮은 곳으로 내려옴

상승(上윗 상 昇)
낮은 데서 위로 올라감

강등(降 等등급 등)
등급이나 계급이 내려감

강림(降 臨임할 림)
신이 하늘에서 인간 세상으로 내려옴

강우량(降 雨비 우 量양 량)
한곳에 일정한 기간 동안 내린 비의 양

강설량(降 雪눈 설 量)
한곳에 일정한 기간 동안 내린 눈의 양

강수량(降 水물 수 量)
한곳에 일정한 기간 동안 내린 비, 눈, 우박, 안개 등의 모든 물의 양

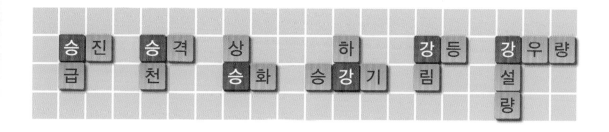

앞은 전, 뒤는 후

前 後
앞 전　뒤 후

반의 한자

울지 말고 **전후** 사정을 말해 봐.

내가 쓰러졌는데, 친구가 또 치고 갔어.

동생이 계속 울고 있네요. 아빠는 울지 말고 전후 사정을 말해 보라고 하셨어요. '전(前)'은 앞, '후(後)'는 뒤를 뜻해요. 그러니 일이 일어나기 전과 후의 상황을 말해 보라는 거네요. '전(前)' 과 '후(後)'는 시간이나 공간의 앞과 뒤를 가리키는 다양한 말에 쓰여요. 좀 더 알아볼까요?

전과 후가 붙어서 반대가 되는 낱말

일을 뜻하는 '사(事)'를 붙여서 일이 일어나기 전은 사전이라고 해요. 그래서 어떤 일을 하기 전에 미리 조사하는 것을 사전 조사라고 하잖아요.

일이 일어난 후는 사후, 어떤 일이 일어난 후 조사하는 것은 사후 조사지요.

또, 일이 일어나기 바로 전은 직전, 일이 일어난 바로 다음은 직후예요. 곧, 즉시, 바로라는 뜻의 '직(直)'이 붙었네요.

이띤 기간의 절반 중 앞의 기간은 □기, 뒤의 기간은 □기예요.

축구 경기에서 앞쪽 경기는 □반전 또는 □반,

뒤쪽 경기는 □반전 또는 □반이라고 해요.

前 後
앞 전　뒤 후

앞과 뒤

- **사전**(事일 사 前)
  일이 일어나기 전
- **사전 조사**(事前 調조사할 조 査조사할 사)
  일을 하기 전에 미리 하는 조사
- **사후**(事後)
  일이 끝난 뒤
- **사후 조사**(事後調査)
  일이 일어난 후 하는 조사
- **직전**(直바로 직 前)
  어떤 일이 일어나기 바로 전
- **직후**(直後)
  어떤 일이 일어난 바로 다음
- **전기**(前 期기간 기)
- **후기**(後期)
- **전반전**(前 半반 반 戰싸움 전)
- **전반**(前 半)

50

두 사람 또는 두 사물을 말
할 때 먼저는 □자, 나중은
□자예요.
또 두 편으로 나뉜 책이나
영화의 앞쪽 편은 □편,
뒤쪽 편은 □편이지요.
전과 후는 일의 앞뒤가 아닌 방향을 나타낼 때도 있어요.

난 **전편**이
나은 것같아.

나도.

> 앞으로 가는 것은 전진 ↔ 뒤로 나아가는 것은 후진
> 앞쪽 면은 전면 ↔ 뒤쪽 면은 후면
> 앞쪽 방향은 전방 ↔ 뒤쪽 방향은 후방

전과 후, 둘 중 하나만 붙는 말, 말, 말!
전과 후가 꼭 쌍을 이루지 않는 경우도 있답니다.
예선에 있있던 일들을 뜻하는 말에는 '전'은 붙지만, '후'는 붙을
수 없어요. 전례와 전력이 그러해요.
전례는 이전부터 있었던 사례에요.
진력도 이미 과거에 있었던 경력이나 일을 말하죠.
반면 '후'만 붙는 경우도 있어요. 뒤로 물러난다는 뜻의 후퇴가 바
로 그렇지요. 앞으로는 물러나지 않으니 전퇴라는 말은 없어요.
후유증은 어떤 일을 치르고 난 뒤에 생기는 안 좋은 일을 말하
고, 후회는 그로 인해 잘못을 뉘우치는 것을 말해요.

- 후반전(後半戰)
- 후반(後半)
- 전자(前 者사람 자)
- 후자(後者)
- 전편(前 篇책 편)
- 후편(後篇)
- 전진(前 進나아갈 진)
- 후진(後進)
- 전면(前 面면 면)
- 후면(後面)
- 전방(前 方방향 방)
- 후방(後方)
- 전례(前 例보기 례)
  이전부터 있었던 사례
- 전력(前 歷경력 력)
  과거의 경력
- 후퇴(後 退물러날 퇴)
  뒤로 물러남
- 후유증(後 遺남길 유 症증세 증)
  어떤 일을 치르고 난 뒤에 생기
  는 안 좋은 일
- 후회(後 悔뉘우칠 회)
  이전의 잘못을 뉘우침

낱말밭
블록 맞추기

昇 降
오를 승 내릴 강

1 공통으로 들어갈 낱말을 쓰세요.

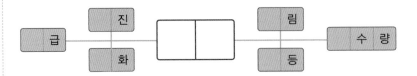

	진				림			
급							수	량
	화				등			

2 주어진 낱말을 넣어 문장을 완성하세요.

1) | 승 | 진 |
    | 급 | |

아버지는 임원으로 ☐☐ 하셨고,

나는 태권도 ☐☐ 심사에 합격을 했어.

2) | 승 | 격 |
    | 천 | |

지위나 격이 오르는 것은 ☐☐,

하늘로 올라가는 것은 ☐☐이다.

3) | 상 | |
    | 승 | 화 |

더 훌륭한 상태로 높이 올라가는 것은 ☐☐,

낮은 데서 위로 올라가는 것은 ☐☐이다.

4) | 강 | 등 |
    | 림 | |

등급이나 계급이 내려가는 것은 ☐☐,

신이 인간 세상으로 내려오는 것은 ☐☐이다.

5) | 강 | 우 | 량 |
    | 설 | | |
    | 량 | | |

장마철에는 ☐☐☐이 많고,

겨울에는 ☐☐☐이 많다.

3 문장에 어울리는 낱말을 골라 ○표 하세요.

1) 여름이 되면 기온이 (상승 / 하강)해서 몹시 더워.

2) 엄마는 직급이 올라 부장으로 (승화 / 승진)하셨어.

3) 내가 사는 마을이 읍에서 시로 (승격 / 승강)되었어.

4) 태권도 (승천 / 승급) 심사에 합격했어.

| 승강 |
| 승강기 |
| 승진 |
| 승급 |
| 승격 |
| 승천 |
| 승화 |
| 하강 |
| 상승 |
| 강등 |
| 강림 |
| 강우량 |
| 강설량 |
| 강수량 |

낱말밭
블록 맞추기

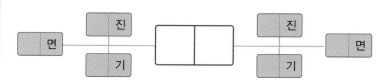

1 공통으로 들어갈 낱말을 쓰세요.

	진				진		
면							면
	기				기		

전후
사전
사전 조사
사후
사후 조사
직전
직후
전기
후기
전반전
전반
후반전
후반
전자
후자
전편
후편
전진
후진
전면
후면
전방
후방
전례
선력
후퇴
후유증
후회

2 주어진 낱말을 넣어 문장을 완성하세요.

1) 전자 ↔ 후자   앞서 본 ☐☐ 의 그림보다
나중에 본 ☐☐ 의 그림이 더 높은 가격에 팔렸다.

2) 직전 ↔ 직후   밥을 먹은 ☐☐ 에 운동하는 것은 좋지 않아.
또 운동 ☐☐ 에는 준비 운동을 꼭 해야 해.

3) 후퇴 회   장군은 이번 전투에서 ☐☐ 한 것을 두고두고
☐☐ 할 것이다.

3 문장에 어울리는 낱말을 골라 ○표 하세요.

1) 방학 동안 공부하지 않은 것을 (후회 / 후송)해.
2) 잠들기 (직전 / 직후)에는 음식을 안 먹는 것이 좋아.
3) 운전 중 (후진 / 후회)을(를) 할 때는 뒤쪽을 꼭 살펴봐야 해.
4) 이 영화는 아주 재미있어서 (후편 / 후면)이 정말 기대돼.
5) 체험 학습을 갈 때는 (사전 / 직전) 준비를 잘 해야 해.

4 짝 지은 낱말의 관계가 [보기]와 <u>다른</u> 것을 고르세요. (   )

보기	전진 – 후진

① 사전 – 사후   ② 전방 – 후방   ③ 전편 – 후편
④ 전회 – 후회   ⑤ 전자 – 후자

신발 좌우가 바뀌었잖아

반의어

내 신발 예쁘지?

좌우가 바뀐 거 같은데…

신발부터 똑바로 신는 게 어때?

아기 신발의 좌우가 바뀌었네요. 좌우는 왼쪽과 오른쪽을 나타내는 말이에요. 왼쪽은 좌측, 오른쪽은 우측이라고 해요. 좌우하다는 말은 좌우로 내두르듯 어떤 것을 지배한다는 뜻이지요. 우리 주변에는 좌우와 관련된 낱말이 참 많아요. 정말 그런지 좌우를 살펴볼까요?

좌, 우가 붙어서 반대가 되는 낱말

운전을 할 때 왼쪽으로 가려면 좌회전, 오른쪽으로 가려면 우회전을 해요. 이렇게 '좌'와 '우'가 들어가면 각각 왼쪽과 오른쪽을 나타내어 서로 반대가 되는 말이 되지요.

> 왼쪽 손은 좌수 ↔ 오른쪽 손은 우수
> 야구에서, 왼쪽 외야를 지키는 선수는 좌익수 ↔ 오른쪽 외야를 지키는 선수는 우익수
> 왼쪽에 있는 변은 좌변 ↔ 오른쪽에 있는 변은 우변
> 왼쪽에 위치한 심방은 좌심방 ↔ 오른쪽에 위치한 심방은 우심방

左	右
왼 좌	오른 우
왼쪽과 오른쪽	

■ 좌측(左 側옆측)
■ 우측(右側)
■ 좌우(左右)하다
　어떤 것을 지배하다
■ 좌회전
　(左 回돌아올 회 轉회전할 전)
　왼쪽으로 회전함
■ 우회전(右回轉)
　오른쪽으로 회전함
■ 좌수(左 手손수)
■ 우수(右手)
■ 좌익수(左 翼날개익 手)
■ 우익수(右翼手)
■ 좌변(左 邊가장자리 변)
■ 우변(右邊)
■ 좌심방(左 心마음심 房방방)
■ 우심방(右心房)

좌우의 의미가 조금 다르게 통하는 말도 있어요.

좌익은 새나 비행기의 왼쪽 날개를, 우익은 오른쪽 날개를 뜻해요. 하지만 좌익과 우익은 정치적인 입장으로 많이 쓰여요.

좌익은 사회 문제를 고쳐서 앞으로 나아가자고 주장하는 사람들로, 좌파 또는 좌경이라고도 해요. 왼쪽 파도여서 좌파, 왼쪽으로 기울어졌다고 해서 좌경이지요.

반면에 우익은 사회의 안정을 바라면서 현 상태를 지키려는 사람들로, 우파 또는 우경이라고도 불러요.

좌와 우를 빗대어 사회를 바라보는 생각의 차이를 나타낸 말이군요. 어려운 말이지만 신문이나 뉴스에서 많이 나오는 말이니 어떤 말인지만 알아두자고요.

좌, 우가 합쳐져서 만들어진 낱말

좌, 우가 합쳐진 말 중에 반대의 뜻이 아닐 때도 많이요.

어떤 일을 결정하지 못하고 갈팡질팡하는 모습을 우왕좌왕한다고 해요. 좌지우지는 남들을 자기 맘대로 휘두르거나 나루는 것을 의미하고요. 좌충우돌은 이리저리 갑자기 부딪힌다는 뜻이에요. 무언가를 처음 시작할 때 좌충우돌하기도 하지요.

피자? 자장면?

우왕좌왕하지 말고, 순댓국 먹자.

좌우간 아빠는 모든 걸 **좌지우지** 하신다니까.

■ 좌익(左 翼날개익)
= **좌파**(左 派갈래파)
= **좌경**(左 傾기울 경)
왼쪽 날개. 사회 문제를 고쳐서 앞으로 나아가자고 주장하는 사람들

■ 우익(右翼) = 우파(右派)
= 우경(右傾)
오른쪽 날개. 사회의 안정을 바라면서 현 상태를 지키려는 사람들

■ **우왕좌왕**(右 往갈왕 左 往)
이리저리 갈피를 못 잡음

■ **좌지우지**(左 之갈지 右 之)
남들을 맘대로 휘두르거나 다룸

■ **좌충우돌**(左 衝부딪칠 충 右 突갑자기 돌)
이리저리 갑자기 부딪침

좌측 ↔ 우측	좌회전 ↔ 우회전	좌수 ↔ 우수	솨변 ↔ 우변	좌심방 ↔ 우심방

화산처럼 화(火)를 내다

한자 + 동사

으악! 못 참겠어!

쿠앙!

화낼 때는 피하는 게 제일!

화가 났을 때 불이 난 것처럼 얼굴이 화끈거렸죠?
화나다, 화내다의 '화'는 불이라는 뜻이에요. '불 화(火)' 자에
'-나다', '-내다'가 이어져 생긴 말이지요. 우리말에는 이렇게
한 글자의 한자어에 동사가 합쳐진 낱말이 아주 많답니다.

한자와 동사가 합쳐진 말 1

추가의 '가'는 '더할 가(加)'예요. 여기에 '하다'가 이어지면 가하
다가 돼요. '열을 가하다', '압력을 가하다' 이렇게 써요.
가하다는 더해서 늘린다는 뜻인데요, 반대말은 감하다지요.
"이번 용돈은 천원 감하고 준다."에서 감하다는 덜어낸다는 뜻
이에요. 그러니 용돈에서 천 원을 깎겠다는 말이네요.
다음 예문의 밑줄 친 낱말의 뜻을 잘 살펴봐요.

- 아이고 <u>망했다</u> : 죽을 망(亡) + 하다
  멸망하거나 다 끝장났나는 뜻이에요.
- 엄마한테 <u>혼났다</u> : 영혼 혼(魂) + 나다
  영혼이 쏙 빠지도록 호되게 꾸지람 받은 적 있지요?

화(火불 화) 내다/나다

화나다, 몹시 노함

- **추가**(追따를 추 加더할 가)
  나중에 더 보탬
- **가**(加)**하다**
  더해서 늘리다
- **감**(減덜 감)**하다**
  덜어내다
- **망**(亡죽을 망)**하다**
  멸망하거나 끝장이 나다
- **혼**(魂영혼 혼)**나다 / 혼내다**
  호되게 꾸지람을 받다

- 벌준다고 착해질까? : 벌할 벌(罰) + 주다
  벌주는 일은 처벌하다는 한자말과 비슷해요.
- 너에게 명한다 : 명령 명(命) + 하다
  명한다는 명령하다는 뜻이에요.

한자와 동사가 합쳐진 말 2

연달다, 연잇다의 연은 연속의 '연(連)'이에요. 어떤 일이 연달
아 이어지면 연속된다고 하잖아요.

구두를 닦아서 번쩍번쩍 광내면
광택이 나지요? 광내다와 광택
의 '광(光)'은 같은 말이에요.

"오늘 장사를 공쳤어. 그래서
마음이 공떴어."

공쳤어의 공은 허공을 뜻하는
'빌 공(空)'이에요. 그래서 공치
다는 허공을 친 것처럼 허탕치

다는 말이고, 공뜨다는 허공에 뜬 것처럼 마음이 들뜨거나 떠돈
다는 뜻이지요.

한 나무에 다른 니뭇가지를 접붙여 다른 열매를 맺게 하는 것을
접붙이다라고 하는데요. 여기서 접은 접촉이나 접속을 뜻하는
'접(接)'이에요.

어때요? 한자와 우리빌을 접붙이니 의미가 한층 더 풍성해졌죠?

머리를
광냈어요.

구두를
광냈어요.

■ 벌(罰벌할 벌)하다 / 벌주다
벌을 주다 = 처벌하다

■ 명(命명령 명)하다
명령하다

■ 연(連이어질 연)달다 / 연잇다
연달아 이어지다

■ 광(光빛 광)나다 / 광내다
빛을 내다

■ 공(空빌 공)치다
허공을 친 것처럼 허탕 치다

■ 공(空)뜨다
허공에 뜬 것처럼 마음이 들뜨
거나 떠돈다

■ 접(接접붙일 접)붙이다
한 나무에 다른 나뭇가지를 접
붙여 다른 열매를 맺게 하다

감하다 減   망하다 亡   혼나나 魂   멍하다 命   광나다 光

1 공통으로 들어갈 낱말을 쓰세요.

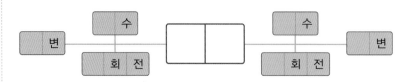

2 주어진 낱말을 넣어 문장을 완성하세요.

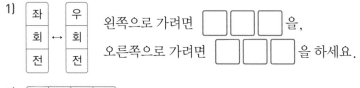

1) 좌회전 ↔ 우회전

왼쪽으로 가려면 ☐☐☐ 을,
오른쪽으로 가려면 ☐☐☐ 을 하세요.

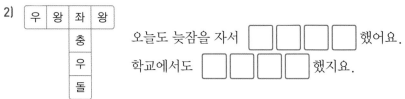

2) 우왕좌왕 / 좌충우돌

오늘도 늦잠을 자서 ☐☐☐☐ 했어요.
학교에서도 ☐☐☐☐ 했지요.

3 문장에 어울리는 낱말을 골라 ○표 하세요.

1) 오빠는 야구에서 왼쪽 외야를 지키는 (좌익수 / 우익수)예요.
2) 오른쪽에 있는 심방인 (좌심방 / 우심방)에 이상이 생겼어요.
3) 저의 꿈을 부모님 마음대로 (좌지우지 / 좌충우돌)하지 마세요.

4 짝 지은 낱말의 관계가 [보기]와 다른 것을 고르세요. (　　)

보기	좌측 – 우측

① 좌익수 – 우익수　　② 좌심방 – 우심방　　③ 좌변 – 우변
④ 좌회전 – 우회전　　⑤ 우왕좌왕 – 좌충우돌

좌우
좌측
우측
좌우하다
좌회전
우회전
좌수
우수
좌익수
우익수
좌변
우변
좌심방
우심방
좌익
좌파
좌경
우익
우파
우경
우왕좌왕
좌지우지
좌충우돌

1 [보기]와 같이 한자어에 동사가 합쳐진 낱말을 쓰세요.

[보기]

화	내	다
火		

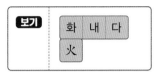

	내	다
光		

2 주어진 낱말을 넣어 문장을 완성하세요.

1)

감	하	다
減		

가	하	다
加		

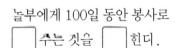

열을 ☐ 하면 압력이 높아지고,

열을 ☐ 하면 압력도 낮아져요.

2)

벌	주	다
罰		

명	하	다
命		

놀부에게 100일 동안 봉사로

☐ 수는 것을 ☐ 한다.

3)

망	하	다
亡		

공	치	다
空		

계속 장사를 ☐ 치다가는 곧

☐ 하겠어.

3 문장에 어울리는 낱말을 골라 ○표 하세요.

1) 어제 오늘 좋지 않은 일이 (연이어서 / 공치게) 일어나고 있어.

2) 지난 번 네가 빌려간 천 원을 (가하고 / 감하고) 용돈을 줄게.

3) 엄마에게 영혼이 쏙 빠지게 (혼났어 / 망했어).

4 짝 지은 낱말의 관계가 [보기]와 <u>다른</u> 것을 고르세요. ( )

[보기]

화(火) – 화내다

① 광(光) – 광내다　　② 공(空) – 공치다　　③ 연(連) – 연잇다

④ 접(接) – 접붙이다　　⑤ 공(空) – 공놀이 하다

화내다

화나다

추가

가하다

감하다

망하다

혼나다

혼내다

벌하다

벌주다

명하다

연달다

연잇다

광나다

광내다

공치다

공뜨다

접붙이다

겁쟁이 대장장이

겁 + 쟁이

접미사

난 **겁쟁이**가 아니거든! 이 **개구쟁이**야!

깩!

아휴, 저 **겁쟁이** 대장장이!

겁이 많은 사람을 겁쟁이라고 하지요. 대장장이는 대장간에서 쇠를 다루는 사람을 말해요. 만약에 대장장이가 겁이 많다면 '겁쟁이 대장장이'라고 부르겠지요. 그런데 겁쟁이에는 '-쟁이'가, 대장장이에는 '-장이'가 붙었네요. 이 둘은 어떤 말끝에 붙어서 새로운 단어를 만들어 내요. 그럼 지금부터 만들어 볼까요?

기술자를 나타내는 '-장이'

낱말 끝에 '-장이'가 붙으면 기술을 가진 사람을 뜻해요. 집을 지을 때 바닥이나 천장에 시멘트를 발라 마감일을 하는 사람을 미장이라고 해요. 페인트 칠하는 사람은 칠장이고요.

옹기를 만드는 기술자는 옹기장이,

구두를 만드는 기술자는 구두장이,

양복을 만드는 기술자는 양복

장이라고 하지요.

하지만 낱말에 무조건 '장이'

를 붙인다고 모두 기술자가 되

는 건 아니에요.

-장이

'어떤 것과 관련된 기술을 가진 사람'의 뜻을 더하는 접미사

- 대장장이
- 미장이
- 칠(漆옻 칠)장이
- 옹기(甕항아리 옹 器그릇 기)장이
- 구두장이
- 양복(洋서양 양 服옷 복)장이

우리는 '**장이**'들이에요.

대장장이 구두장이 옹기 장이

어떤 속성을 나타내는 '–쟁이'

낱말 끝에 '–쟁이'가 붙으면 어떤 속성을 많이 가진 사람을 뜻해요.

양복을 자주 입는 사람은 양복 ☐☐, 거짓말을 했던 양치기 소년은 거짓말☐☐, 욕심 많은 놀부는 욕심☐☐, 동생에게 심술부리는 나는 심술☐☐, 말썽꾸러기 짱구는 말썽☐☐죠.

우리 반에서 장난치기를 좋아하는 친구들은 모두 개구☐☐, 떼쓰고 고집부리는 동생은 떼쟁이, 고집쟁이예요.

멋 부리는 사람은 멋쟁이, 흉내를 잘 내는 사람은 흉내쟁이, 이랬다저랬다 하면 변덕생이죠.

이렇게 쟁이들에 대해 수다를 떨다 보니 어느새 수다쟁이가 되었네요!

이 밖에도 사람을 뜻하는 말이 더 있어요.

어떤 말에 '–뱅이'가 붙으면 더 얕잡아 보는 말이 돼요.

게으른 사람은 게으름뱅이, 가난한 사람은 가난뱅이, 술 마시고 주정 부리는 사람은 주정뱅이라고 하잖아요.

'–데기'가 붙으면 그와 관련된 일을 하거나 성질을 가진 사람을 뜻해요. 새침한 사람은 새침데기, 부엌에서 일하는 사람은 부엌데기죠.

> 우리는 '쟁이'들이에요.

거짓말쟁이 욕심쟁이 개구쟁이

-쟁이

'어떤 속성을 많이 가진 사람'의 뜻을 더하는 접미사

- 겁(怯 겁낼 겁)쟁이
- 양복(洋服)쟁이
- 거짓말쟁이
- 욕심(欲 하고자 할 욕 心 마음 심)쟁이
- 심술쟁이
- 말썽쟁이
- 개구쟁이
- 떼쟁이
- 고집(固 굳을 고 執 잡을 집)쟁이
- 멋쟁이
- 흉내쟁이
- 변덕(變 변할 변 德 덕 덕)쟁이
- 수다쟁이
- –뱅이

'그것을 특성으로 가진 사람이나 사물'의 뜻을 더하는 접미사

- 게으름뱅이
- 가난뱅이
- 주정(酒 술 주 酊 술취할 정)뱅이
- –데기

'어떤 일, 어떤 성질을 가진 사람'의 뜻을 더하는 접미사

- 새침데기
- 부엌데기

대장 + 장이　　옹기 + 장이　　구두 + 장이

심술 + 쟁이　　개구 + 쟁이　　고집 + 쟁이

경찰관은 경찰

경
찰
관
=
경
찰

줄여도 같은 말

경찰을 불렀는데, 경찰관 아저씨가 왔어요. 경찰관과 경찰은 같은 말이지요. 국민의 생명과 재산을 보호하고 사회 질서를 지키는 사람이에요. 우리말에는 경찰관과 경찰처럼 줄여 써도 같은 말들이 있어요.

첫 글자를 생략해도 되는 낱말

경찰은 경찰관의 마지막 글자인 '관'을 생략했어요.
이와 다르게 첫 글자를 생략해도 같은 뜻으로 쓰이는 낱말도 있어요.

목욕실이 없어서 목욕 못하겠어.

욕실이 목욕실이야.

농사를 지어 기르는 벼나 보리, 채소 등을 가리켜 농작물이라고 해요.
'농' 자를 뺀 작물도 같은 뜻이에요.
그러니까 '장마 때문에 농작물 피해가 크다'라는 문장은 '장마 때문에 작물 피해가 크다'라고 해도 같은 뜻이죠.
우리가 목욕을 할 수 있게 시설을 갖춘 방인 목욕실은 욕실,

警	察	官
경계할 경	살필 찰	관리 관

국민의 생명과 재산을 보호하고
사회 질서를 지키는 사람

■ **경찰**(警察)
국민의 생명과 재산을 보호하고 사회 질서를 지키는 사람

■ **농작물**(農 농사 농 作 지을 작 物 물 건 물) = **작물**
농사지어 기르는 것들

■ **목욕실**(沐 머리감을 목 浴 목욕할 욕 室 방 실) = **욕실**
목욕할 수 있게 시설을 갖춘 방

■ **복사본**(複 겹칠 복 寫 베낄 사 本 책 본) = **사본**
책이나 서류를 손이나 기계로 그대로 베낀 것

■ **상수도**(上 윗 상 水 물 수 道 길 도) = **수도**
물이 지나가는 길

책이나 서류를 손이나 기계로 베낀 복사본은 사본,
물이 지나가는 길인 상수도는 수도로 줄여서 말해도 그 뜻은 똑같아요.

첫 글자를 생략하면 안 되는 낱말

그런데 첫 글자를 생략하면 뜻이 엉뚱해지는 낱말도 있어요.
군사 시설이나 장비 등을 갖추는 데 드는 돈을 군사비라고 하는데, 사비라고 하면 완전히 다른 말이 되지요. 이 경우에는 '사' 자를 생략해서 군비라고 해야 군사비와 뜻이 같아져요.

독일, 스위스 등에서 쓰는 말과 글인 독일어는 중간 글자를 빼고 독어라고 줄여 쓸 수 있어요.

독일에서 만든 자동차는 아주 유명하죠? 이렇게 다른 나라에서 만드는 물건을 외국제 또는 외제라고 해요.

반대로 우리나라에서 만든 물건은 국산품이에요. 국산품은 국산으로 줄여 쓰지요.

회의나 행사에서 진행을 맡아보는 사회자는 마지막 글자를 생략해서 사회라고 써요.

같은 시기에 같은 곳에서 교육 등을 함께 받는 동기생은 동기라고 줄여 쓰고요.

어떤 것을 배울 때 처음 단계나
수준에 있는 사람인 초보자는
초보라고 말해도 같은 뜻이죠.

죄송합니다. 제가
초보자라서….

초보 운전이군.
깜짝 놀랐잖아!

■ **군사비**(軍군사군 事일사
費비용비) = **군비**
군사 시설, 장비 등을 갖추는
데 드는 돈

■ **독일어**(獨홀로독 逸편안할일
語말어) = **독어**
독일, 스위스 등에서 쓰는 말과
글

■ **외국제**(外바깥외 國나라국
製만들제) = **외제**
다른 나라에서 만든 물품

■ **국산품**(國나라국 産만들산
品물건품) = **국산**
자기 나라에서 만든 물품

■ **사회자**(司맡을사 會모임회
者사람사) = **사회**
회의니 행사에서 진행을 맡아
보는 사람

■ **동기생**(同같을동 期기간기
生사람생) = **동기**
같은 시기에 같은 곳에서 교육
을 함께 받은 사람

■ **초보자**(初처음초 步걸을보
者) = **초보**
학문이나 기술을 배울 때 처음
수준에 있는 사람

| 농 작 물 | = | 삭 물 | 목 욕 실 | = | 욕 실 | 복 사 본 | = | 사 본 | 산 수 도 | = | 수 도 | 규 사 비 | = | 군 비 |

1 공통으로 들어갈 낱말을 쓰세요.

| 멋 |
| 욕 심 |
| 고 집 |

→

| 겁 | | |

2 주어진 낱말을 넣어 문장을 완성하세요.

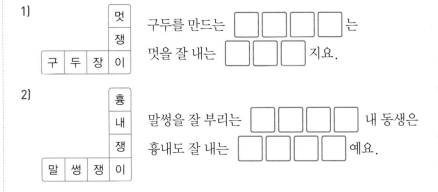

1)

	멋
	쟁
구 두 장	이

구두를 만드는 ☐☐☐☐ 는
멋을 잘 내는 ☐☐☐ 지요.

2)

	흉
	내
	쟁
말 썽 쟁	이

말썽을 잘 부리는 ☐☐☐☐ 내 동생은
흉내도 잘 내는 ☐☐☐☐ 예요.

3 문장에 어울리는 낱말을 골라 ○표 하세요.

1) 거짓말을 한 양치기 소년은 (거짓말장이 / 거짓말쟁이)랍니다.
2) 양복을 만드는 기술자는 (양복장이 / 양복쟁이)예요.
3) 욕심 많은 놀부는 (욕심장이 / 욕심쟁이)죠.

4 빈칸에 알맞은 낱말을 연결하세요.

1) 옹기☐☐   2) 흉내☐☐   3) 말썽☐☐
    •   •   •

          •   •
       －쟁이   －장이

대장장이
미장이
칠장이
옹기장이
구두장이
양복장이
겁쟁이
양복쟁이
거짓말쟁이
욕심쟁이
심술쟁이
말썽쟁이
개구쟁이
떼쟁이
고집쟁이
멋쟁이
흉내쟁이
변덕쟁이
수다쟁이
게으름뱅이
가난뱅이
주정뱅이
새침데기
부엌데기

1 [보기]와 같이 줄여도 뜻이 같은 낱말을 쓰세요.

[보기]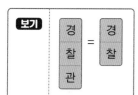

1) 농작물 = ▯

2) 군사비 = ▯

2 주어진 낱말을 넣어 문장을 완성하세요.

1) 목욕실 = 욕실   목욕을 할 수 있게 시설을 갖춘 방인 ▯▯▯은 줄여서 ▯▯이다.

2) 독일어 = 독어   독일 사람들이 쓰는 말인 ▯▯는 ▯▯▯의 줄임말이다.

3 문장에 어울리는 낱말을 골라 ○표 하세요.

1) 우리나라의 경제 발전을 위해서는 (국산 / 산품)을 애용하는 것이 좋아.

2) 아무리 (동기생 / 초보자)(이)라지만 운전이 너무 서툰걸!

3) 원본을 구할 수가 없어서 (수도 / 사본)(이)라도 찾고 있어.

4 짝 지은 낱말의 관계가 [보기]와 다른 것을 고르세요. (   )

[보기]   농작물   작물

① 경찰관 – 경찰   ② 목욕실 – 욕실   ③ 독일어 – 독어
④ 군사비 – 사비   ⑤ 사회자 – 사회

경찰관
경찰
농작물
작물
목욕실
욕실
복사본
사본
상수도
수도
군사비
군비
독일이
독어
외국제
외제
국산품
국산
사회자
사회
동기생
동기
초보자
초보

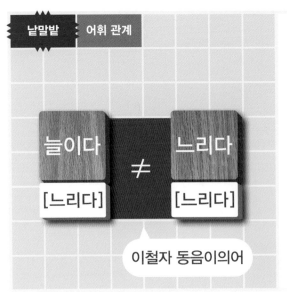

늘인 거북일까?
느린 거북일까?

늘이다 [느리다] ≠ 느리다 [느리다]

이철자 동음이의어

고무줄을 **늘이는** 느린 거북이!

끙

다르게 생긴 글자인데 소리가 같은 낱말이 있지요? 늘이다는 길이를 늘어나게 한다는 뜻이고, 느리다는 움직이거나 일할 때 시간이 오래 걸린다는 뜻이에요. 소리는 같지만 모양과 뜻이 전혀 달라요. 그래서 '고무줄을 늘이다', '거북이가 느리다'처럼 써야 하죠. 소리가 같아서 헷갈리니까 잘 살펴보자고요.

소리는 같지만, 뜻이 다른 말, 말, 말!

밑줄 친 말을 소리 내어 읽어 보세요.

'배추를 <u>절이다</u>', '다리가 <u>저리다</u>' 둘 다 [저리다]로 소리 나지요? 절이다는 채소나 생선에 간이 배게 하는 것이고, 저리다는 몸의 일부가 오래 눌려서 피가 통하지 않고 얼얼하다는 말이에요.

한약과 같은 액체를 오래 끓여서 진하게 만드는 것은 달이다[다리다], 구겨진 천을 펴거나 주름을 만들기 위해 다리미나 인두로 문지르는 것은 다리다[다리다]라고 하죠.

먹을 것이 없어 굶는 것은 주리다[주리다], 작아지게 만드는 것은 줄이다[주리다]예요. '배를 너무 오래 <u>주렸다</u>', '살이 빠져서 바지 크기를 <u>줄여야만</u> 했다'라고 쓰지요.

늘이다[느리다]

길이를 늘어나게 하다

■ **느리다[느리다]**
움직이거나 일할 때 시간이 오래 걸리다

■ **절이다[저리다]**
채소나 생선에 간이 배게 하다

■ **저리다[저리다]**
몸의 일부가 오래 눌려서 피가 통하지 않고 얼얼하다

■ **달이다[다리다]**
액체를 오래 끓여서 진하게 만들다

■ **다리다[다리다]**
다리미나 인두로 문지르다

■ **주리다[주리다]**
먹을 것이 없어 굶다

■ **줄이다[주리다]**
작아지게 만들다

또 어떤 것을 꽉 닿게 해 떨어지지 않도록 하는 것은 붙이다[부치다], 편지나 돈, 짐 같은 것을 다른 사람에게 보내는 것은 부치다[부치다]죠.

편지 **부치고** 왔니?

네, **붙이고** 왔어요.

어떤 지역을 잠시 들르거나 지나쳐 갈 때, 어떤 일을 겪거나 차례대로 밟아 나가는 것은 거치다[거치다]예요. 가리거나 덮고 있던 것이 없어지거나, 돈이나 물건 같은 것을 받아들이는 것은 걷히다[거치다]죠. 잘 구별해서 써야겠죠?

소리는 같지만, 뜻이 다른 세 개의 낱말

각기 다른 세 낱말이 모두 같은 소리가 나는 경우도 있어요.
바치다, 받치다, 받히다가 그러하죠.
바치다는 윗사람에게 어떤 것을 정중하게 드리는 것으로 '농부는 임금에게 큰 무를 바쳤습니다'처럼 쓰여요.
받치다는 어떤 감정이 갑자기 거세게 일다는 뜻도 있고, 물건의 밑이나 옆에 다른 물체를 댄다는 뜻도 있어요.
또 받히다는 머리나 뿔 같은 것에 세게 부딪히는 것으로, '투우사는 소의 뿔에 받혔습니다'처럼 쓰이죠.
이처럼 소리는 같지만 뜻이 다른 말들은 문장 속에서 어떻게 쓰였는지를 살펴보면 그 의미를 정확히 파악할 수 있답니다.

붙이다[부치다]
꽉 닿게 해 떨어지지 않게 하다

부치다[부치다]
편지나 돈, 짐 등을 보내다

거치다[거치다]
① 어떤 지역을 잠시 들르거나 지나쳐 가다
② 어떤 일을 겪거나 차례대로 밟아 나가다

걷히다[거치다]
① 가리고 있는 것이 없어지다
② 돈이나 물건을 받아들이다

바치다[바치다]
윗사람에게 어떤 것을 정중하게 드리다

받치다[바치다]
① 어떤 김정이 갑자기 거세게 일다
② 물건의 밑이나 옆에 다른 물체를 대다

받히다[바치다]
머리나 뿔 등에 부딪히다

절 이 다 ≠ 저 리 다
[저리다]　　[저리다]

달 이 다 ≠ 다 리 다
[다리다]　　[다리다]

가로로 심어진 가로수

가로 ≠ 가로
街 路

동음이의어

가로수가 가로로 심어져 있네.

'가로로 심어진 가로수'에서 앞에 쓰인 가로는 왼쪽에서 오른쪽으로 나 있는 방향이나 길이를 뜻하고, 뒤에 쓰인 가로(街路)는 도로 주변의 넓은 도로를 뜻해요. 이처럼 소리는 같지만, 뜻이 다른 낱말들이 많이 있답니다. 좀 더 알아볼까요?

소리가 같은 고유어와 한자어

'비가 내린다'에서 비는 순 우리말로, 수증기가 찬 공기를 만나 식어서 땅으로 떨어지는 물방울이에요. 그런데 한자 비(碑)도 있어요. 기념비나 묘비처럼 어떤 일이나 사람을 오래 기

비 위로 비가 내리네.

묘비

억하려고 글을 새겨서 세우는 돌을 뜻하지요.
'맑은 시내가 흐른다'에서 시내는 골짜기나 평지에 흐르는 냇물, '시내는 차가 많아 복잡하다'에서 시내(市內)는 사람과 차가 많은 도시 안쪽을 말해요.

가로

왼쪽에서 오른쪽으로 나 있는 방향이나 길이

- **가로**(街거리 가 路길 로)
  도시 주변의 넓은 도로
- **가로수**(街路 樹나무 수)
  길가나 도로에 줄지어 심은 나무
- **비**
  수증기가 찬 공기를 만나 식어서 땅으로 떨어지는 물방울
- **비**(碑비석 비)
  어떤 일이나 사람을 오래 기억하려고 글을 새겨서 세우는 돌
- **시내**
  골짜기나 평지에 흐르는 냇물
- **시내**(市도시 시 內안 내)
  사람과 차가 많은 도시 안쪽

봄철, 가을철에서 철은 사계절 중 한때인 계절이에요. 또 '철 좀 들어라'에서 철은 세상일을 알 만한 힘이지요. 철사, 강철 등에서 철(鐵)은 금속 중 하나이고요.

축구공, 야구공처럼 동그란 공도 있고요. 여러 사람을 위해 애써 이룬 훌륭한 일인 공(功)도 있어요. '공을 세우다'라고 하죠. 또 어떤 일을 하는 데 쏟은 힘과 정성을 뜻하는 공(功)도 있답니다.

타악기 중의 하나인 북도 있고, 북쪽을 뜻하는 북(北)도 있죠. 참고로 악기 북은 한자로 '북 고(鼓)'예요. 적이 쳐들어오면 스스로 소리를 내는 북의 이름이 자명고인 까닭을 이제 알겠죠?

소리가 같은 한자어

이번에는 소리가 같은 두 한자어를 살펴봐요. 물론 한자가 다르니 뜻도 모양도 다르겠죠?

창문을 뜻하는 창(窓)도 있고, 무기의 한 종류인 창(槍)도 있어요. 긴 나무 자루 끝에 날이 선 뾰족한 쇠 촉을 박아서 던지고 찌르는 데에 쓰던 무기이지요.

또, 키를 뜻하는 신장(身長)도 있고, '콩팥 신(腎)'과 '내장 상(臟)'이 만난 신장(腎臟)도 있지요. 그래서 사람의 다섯 장기 중에 하나인 콩팥을 신장이라고도 부른답니다.

▶ **철**
① 사계절 중 한때인 계절
② 세상일을 알 만한 힘

▶ **철**(鐵 쇠 철)
금속 중 하나

▶ **공**
운동 등에 쓰는 동그란 물건

▶ **공**(功 공 공)
① 여러 사람을 위해 애써 이룬 훌륭한 일
② 어떤 일을 하는 데 쏟은 힘과 정성

▶ **북**
두드려서 소리를 내는 타악기

▶ **북**(北 북쪽 북)
북쪽

▶ **창**(窓 창 창)
창문

▶ **창**(槍 창 창)
던지고 찌르는 데에 쓰던 무기

▶ **신장**(身 몸 신 長 길이 장)
키

▶ **신장**(腎 콩팥 신 臟 내장 장)
콩팥

낱말밭 블록 맞추기

늘이다 ≠ 느리다
[느리다] [느리다]

1 [보기]와 같이 소리는 같지만 글자가 다른 말을 쓰세요.

보기
늘이다 ≠ 느리다
[느리다] [느리다]

1) ☐ ≠ ☐
[저리다] [저리다]

2) ☐ ≠ ☐
[다리다] [다리다]

2 주어진 낱말을 넣어 문장을 완성하세요.

1) 줄이다 ≠ 주리다
[주리다] [주리다]

바지 크기를 ☐☐☐ .

배를 ☐☐☐ .

2) 걷히다 ≠ 거치다
[거치다] [거치다]

커튼이 ☐☐☐ .

휴게소를 ☐☐☐ .

3) 부치다 ≠ 붙이다
[부치다] [부치다]

도화지에 색종이를 ☐☐☐ .

우체국에 가서 편지를 ☐☐☐ .

3 문장에 어울리는 낱말을 골라 ○표 하세요.

1) 왕에게 선물을 (받히다 / 바치다 / 받치다).

2) 거북이는 걸음이 (느리다 / 늘이다).

3) 다리미로 셔츠를 (다리다 / 달이다).

4 밑줄 친 부분의 낱말 중에 잘못 쓰인 것을 고르세요. (   )

① 슬픈 감정이 <u>받쳐</u> 올랐어.

② 엄마는 한약을 <u>다리고</u> 계세요.

③ 불우 이웃 돕기 성금이 많이 <u>걷혔어</u>.

④ 오랫동안 앉아 있었더니 다리가 <u>저리네</u>.

늘이다

느리다

절이다

저리다

달이다

다리다

주리다

줄이다

붙이다

부치다

거치다

걷히다

바치다

받치다

받히다

낱말밭
블록 맞추기

가 로 ≠ 가 로
街 路

1 [보기]와 같이 소리는 같지만 뜻이 다른 고유어와 한자어를 쓰세요.

보기
가 로	≠	가 로
		街 路

시냇물	
≠
| 市 | 內 |
| | |

2 주어진 낱말을 넣어 문장을 완성하세요.

1)
북
북소리
≠
북
北

창수가 두드린 ☐ 소리가 마을 ☐ 쪽에 있는
산까지 울려 퍼졌다.

2)
창
窓
≠
창
槍

☐ 을 열고 밖을 내다보니
멀리서 한 장수가 ☐ 을 들고 뛰어오고 있있다

3 문장에 어울리는 낱말을 골라 ○표 하세요.

1) 오늘은 (시내 / 시내(市內))에 나가서 영화를 볼 거야.

2) 그쪽으로 굴러간 (공 / 공(功)) 좀 던져 줄래?

3) 유민이의 (신장(腎臟) / 신장(身長))은 165cm야.

4 밑줄 친 부분의 낱말 중에 잘못 쓰인 것을 고르세요. (   )

① 철(鐵)은 녹이 잘 슬어.

② 창(窓)을 여니 시원해.

③ 북(北)쪽으로 가면 지름길이 나와.

④ 뤼이 승리를 이끈 일등공(功)신이야.

⑤ 비(碑)가 와서 야구 경기가 취소되있어.

가로
가로 (街路)
가로수
비
비 (碑)
시내
시내 (市內)
철
철 (鐵)
공
공 (功)
북
북 (北)
창 (窓)
창 (槍)
신장 (身長)
신장 (腎臟)

정답 I 142쪽

🔑가로 열쇠

1) 먹고 마실 수 있는 것

2) 조목조목 따져 체계를 세우는 학문

4) 길가나 도로에 줄지어 심은 나무

5) 낮은 데서 위로 올라감

6) 운동 경기에서 경기 시간을 둘로 나눈 것의 앞 경기.
   후반전 ↔ ○○○

8) 어떤 일이 일어난 바로 다음

9) 자연과 하나 되는 건강하고 올바른 생활

11) 어떤 분야에서 특별하게 쓰는 말. '경제 ○○는 어려워'

13) 배우는 사람. 초등○○

15) 오른쪽으로 회전함. 좌회전 ↔ ○○○

🔑세로 열쇠

2) 지나치게 많이 먹음

3) 학교에 들어감

4) 가판하는 물건을 놓기 위하여 설치한 대

5) 마실 물이나 쓸 물이 지나가는 길 = 수도

7) 되받아 물음. "질문을 이해 못해서 ○○했어."

8) 어떤 일이 일어나기 바로 전

10) 도움이 되게 씀. "이 물건은 ○○ 가치가 있어."

12) 어떤 나라의 말을 연구하는 학문.
    "형은 ○○ 연수를 다녀왔어."

14) 한곳에 일정한 기간 동안 내린 비의 양

16) 학교를 옮김. "친한 친구가 ○○ 가서 아쉬워."

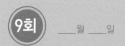

생긴 모습이나 습성에 따라 부르는 별명은 싫어요!
예쁜 본명을 불러 줘요!
본명은 부모님이 지어 주신 이름이에요.

별명은 친근감을 표현하기도 하지만,
별명을 함부로 만들어 부르면 친구가 화낼 수도 있어요.
그럴 때는 진짜 마음을 말해 보세요.
"미안, 친해지고 싶어서 그런 거야!"
이렇게 처음부터 가지고 있던 마음이 본심이에요.
이때 본(本)은 '원래', '처음부터'를 뜻해요.

本 원래 **본**

- **본명**(本 名이름 명)
  부모님이 지어 주신 원래 이름
- **본심**(本 心마음 심)
  원래 가지고 있던 마음
  = 본마음, 본뜻

다음 그림을 보고, 처음의 모습과 나중에 바뀐 모습을 연결해 보세요.

앗! 더러워졌어!
지저분
소변 금지
낙서 금지

개구리 왕자가 돼 버렸네.
개굴~

本	**원래 본**

■ 본(本)모습
원래의 모습

■ 본(本)고장
원래부터 살아온 고장, 어떤 것의 원래 중심지

■ 본래(本 來올래)＝본(本)디
'원래'의 비슷한 말

🔔 본토박이
그 고장에서 대대로 오랫동안 살아온 사람을 가리키는 말이에요. 줄여서 '토박이'라고도 하죠.

왼쪽 그림은 원래 모습이고, 오른쪽 그림은 바뀐 모습이에요.
이렇게 바뀌기 전의 원래 모습을 본모습이라고 해요.
본고장은 태어나서 자란 고장을 말하고요.
이때도 본(本)은 '원래'를 뜻해요.
그러니까, 본고장은 원래부터 살아온 고장이겠죠?
사람에게만 본고장이 있는 건 아니에요.
새콤달콤한 감귤은 원래 어디에서 나지요?
그래요, 제주도예요.
그래서 감귤의 본고장은
제주도라고 말하죠.
처음부터 그런 것은
'원래' 그렇다고 하잖아요?
이 '원래'와 비슷한 말로 ☐래, ☐디라고노 해요.
빈칸에 들어갈 말이 뭐냐고요?
바로 '본'이에요.

선생님이 말씀 하시는데 자면 되냐? 눈떠!

그… 그게… 다 뜬 긴데요. 눈이 **본래** 작아서….

本　중심 본

■ **본부**(本 部부서부)
어떤 일의 중심이 되는 부서

■ **본점**(本 店가게점)
중심이 되는 가게

■ **본론**(本 論이야기론)
중심이 되는 이야기

🔔 **근본**

뿌리 근(根), 바탕 본(本).
뿌리나 밑바탕을 말해요. 근본, 뿌리, 밑바탕 모두 같은 뜻으로 쓰이는 말들이에요.

어떤 일을 하는 데 중심이 되는 부서를 본부라고 해요.
본부에서는 작전을 짜거나 지시를 내리죠.
여기서 본(本)은 여럿 가운데 가장 중심이 되는 것을 뜻해요.
여기서 문제! 그럼, '중심이 되는 가게'는 뭐라고 할까요?
맞아요, 본점이라고 해요.

'말이나 글의 중심이 되는 것'은 본론이라고 해요.
서론이 너무 길면 본론을 이야기할 시간이 모자라겠죠?

🔔 **이런 뜻도 있어요**

본(本)은 '나무 목(木)' 자 아래쪽에 줄을 쭉 그은 모양이에요.
나무의 뿌리처럼 생겼죠?
나무의 뿌리는 나무의 근본이고, 가장 중요한 부분이잖아요.
그래서 본(本)은 '어떤 것의 가장 중요한 밑바탕'이라는 뜻도 가지고 있어요.

- 본(本)보기
  본뜰 때 기준이 되는 것,
  본받을 만한 좋은 것
- 본(本)뜨다
  어떤 것을 그대로 따라 만들다
- 본(本)받다
  훌륭한 본보기를 따라 하다

하하! 제대로 속았군요. 이렇게 '어떤 것을 그대로 따라 만드는 것'을 본뜨다라고 말해요. 빈칸을 채우면서 읽어 볼까요?

지구 모양을 ☐떠 만든 것은 지구본이에요.

비행기는 새의 모양을 ☐떠서 만든 것이죠.

이렇게 본뜰 때 기준이 되는 원래의 것을 무엇이라고 할까요?

맞아요, 본보기라고 해요. 본(本)에는 이 '본보기'라는 뜻도 들어 있어요. 본보기는 '따라 할 만한 좋은 것'을 뜻하기도 해요.

이렇게 훌륭한 본보기를 그대로 따라 하는 것을 본받다라고 해요.

책을 많이 읽는 언니를 ☐받아 책을 많이 읽고,

아껴 쓰는 엄마를 ☐받아 용돈을 아껴 쓰자고요.

너는 엄마 **본받지** 말고 똑바로 걸어야 한다. 알겠어?

그… 그게… 가능한 건가요?

🔔 이런 말도 있어요

본인은 그 사람 자신을 말해요. 소포나 택배를 받을 때 "본인이십니까?" 하면, 받을 사람 란에 써 있는 바로 그 사람이냐고 묻는 거예요.

- 본인(本 자기자신 본 人 사람 인) 그 사람 자신

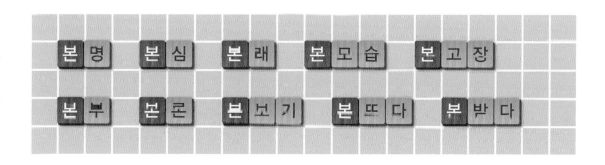

본명 본심 본래 본모습 본고장 본부 본론 본보기 본뜨다 본받다

원래 본

본명

본심

본모습

본고장

본래

본디

본토박이

1 공통으로 들어갈 한자를 따라 쓰세요.

심

부

보기

本

원래 본

받다

명

근

2 어떤 낱말에 대한 설명인지 쓰세요.

1) 말이나 글의 중심이 되는 이야기 ➡ ☐☐

2) 어떤 것을 그대로 따라 만들다 ➡ ☐☐☐

3) 그 사람 자신 ➡ ☐☐

4) 훌륭한 본보기를 그대로 따라하다 ➡ ☐☐☐

5) 원래부터 살아온 고장이나 어떤 것의 원래 중심지 ➡ ☐☐☐

3 알맞은 낱말을 찾아 문장을 완성하세요.

1) 왕눈이의 ☐☐ 이(가) 뭐더라?

2) 나한테 잘해 주는 ☐☐ 이(가) 뭐니?

3) 형이 동생한테 ☐☐☐ 이(가) 되어야 하는 거 아니니?

4) 소포 왔습니다. 이민정 씨 ☐☐ 이십니까?

5) 무슨 말이 그렇게 길어? 중심이 되는 ☐☐ 만 말해.

4 문장에 어울리는 낱말을 골라 ○표 하세요.

1) 연예인들은 (본명 / 본심)을 쓰지 않는 경우가 많아.

2) 감귤의 (본고장 / 본모습)은 제주도야.

3) 말이나 글의 중심이 되는 것은 (본부 / 본론)(이)라고 해.

5 그림을 보고, 빈칸에 공통으로 들어갈 알맞은 낱말을 쓰세요.

6 그림을 부고, 위쪽의 본모습과 오른쪽의 바뀐 모습을 바르게 연결하세요.

1)

2)

① 앗! 더러워졌어!

② 개구리 왕자가 돼 버렸네.

| 본부 |
| 본점 |
| 본론 |
| 근본 |
| 본보기 |
| 본뜨다 |
| 본받다 |
| 본인 |

가운데 중간을 자르자!

가운데 중

헉! 가운데 중(中)이다.

케이크의 가운데를 자르니 '중(中)' 자 모양이 되었네요!
글자 모양만 그런 게 아니에요. 중은 그 뜻도 가운데예요.
우리 함께 '가운데 중(中)'이 들어간 말을 찾아볼까요?

모든 것의 가운데니까 ☐간!

가운데 지방은 ☐부 지방!

산의 허리쯤 되는 곳은 산 ☐턱!

사물의 한가운데는 ☐심!

차도 한가운데에 그어 놓은
노란 선은 ☐앙선!

 中 (위치의) 가운데 **중**

- **중간**(中 間사이 간)
어떤 것과 어떤 것의 사이, 가운데
- **중부**(中 部지역 부)
가운데가 되는 곳
- **중**(中)**턱**
산에서 가운데가 되는 곳
- **중심**(中 心가운데 심)
한가운데
- **중앙선**
(中 央가운데 앙 線줄 선)
한가운데를 지나가는 선

中 (단계의) 가운데 **중**

- **중등**(中 等단계등)
  가운데 단계
- **중급**(中 級등급급)
  가운데 등급
- **중형**(中 型모형형)
  크기가 가운데가 되는 모형

初 中 高
처음 초 가운데 중 높을 고
단계를 나누는 말

학교에도 중(中)이 들어간다는 것 알아요?
초등학교 – 중학교 – 고등학교.
아하, '단계의 가운데'를 가리킬 때도 중(中)을 쓰는군요!
또 무슨 단계가 있을까요?
수영이나 피아노를 배울 때에도
초급반 – ☐급반 – 고급반.

大 中 小
큰 대 가운데 중 작을 소
크기를 나누는 말

대형차　　　　☐형차　　　소형차

차를 크기별로 분류할 때도 쓰이죠.

이렇게 '크기의 가운데'를 나타낼 때도 중(中)을 써요.
대 – 중 – 소.

上 中 下
위 상 가운데 중 아래 하
점수를 나누는 말

참! 점수를 나눌 때도 있잖아요!
상 – 중 – 하.
이왕이면 점수는 중 이상을
받는 것이 좋겠죠?

중(中)에 대해 잘 배웠죠? 그럼 '궁중'은 무엇일까요? (　　)

① 중간 크기의 궁궐　　　　② 궁궐 안
③ 가운데에 있는 궁궐　　　④ 궁궐의 중턱

中　안, 속 중

▪ 궁중(宮궁궐궁 中)
궁궐의 안
▪ 산중(山산산 中)
산속
▪ 수중(水물수 中)
물속
▪ 공중(空하늘공 中)
하늘 속
▪ 수중(手손수 中)
손안

잘 맞혔어요?
정답은 ②번, 궁궐 안이에요.
궁궐은 임금과 임금의 가족들이 사는 곳을 말해요.
가만, 여기서 중(中)은 '안 또는 속'이라는 말로 쓰였네요.

그 뜻을 생각하면서 아래 빈칸을 채워 보세요!

궁궐 안은 궁□　　　　산속은 산□
물속은 수□　　　　하늘 속은 공□

그런데 같은 '수중'이라도 한자가 달라요.
물속은 수중(水中),
손안은 수중(手中)이라고 해요.
'수중에 한 푼도 없다'는 말은
가진 돈이 하나도 없다는 뜻이에요.

中　동안 중

- **공부 중**
  공부하는 동안
- **수면 중**
  잠자고 있는 동안
- **외출 중**
  외출하고 있는 동안
- **도중**(途 길 도 中)
  길을 가는 동안,
  일이 이루어지는 동안
- **중단**(中 斷 끊을 단)
  하던 일을 중간에 그만두다

'공부 중'은 공부하고 있는 시간의 가운데를 가리켜요.

이처럼 시간의 가운데를 나타낼 때도 중(中)을 쓰죠.

'어떠한 일을 하고 있는 동안'이라는 뜻이에요.

그럼 아래 빈칸을 채워 볼까요?

공부하고 있는 동안은 공부 ☐,

잠자고 있는 동안은 수면 ☐,

외출하고 있는 동안은 외출 ☐.

> **공부 중**인줄 알았더니 **수면 중**이잖아!

> **한밤중**은 한밤하고 있는 동안? 그게 아냐 밤의 한가운데란 말이지.

> 도중에 중단해야 하다니!

'길을 가는 동안'이 도중이에요.

또 '일이 이루어지는 동안'도 '도중'이라고 해요.

일을 하던 노중에 그만두면 중단이지요.

일을 마치지 못하고 중간에 끝낸다는 말이에요.

🔔 이순신 장군의 난중일기
난중일기는 난중(亂 난리 난 中),
즉 전쟁 동안에 쓴 일기를 말해
요.

| 중간 | 중부 | 중덕 | 중심 | 중앙선 | 산중 |
| 중등 | 중급 | 궁중 | 공중 | 수중 | 공부중 |

중간

중부

중턱

중심

중앙선

중등

중급

중형

초중고

대중소

상중하

① 공통으로 들어갈 한자를 따라 쓰세요.

간						궁
심	앙	선	中	난	일	기	공
등			가운데 중				수

② 어떤 낱말에 대한 설명인지 쓰세요.

1) 어떤 것과 어떤 것의 사이, 가운데 ➡ ☐☐

2) 크기가 가운데가 되는 모형 ➡ ☐☐

3) 하던 일을 중간에 그만둠 ➡ ☐☐

4) 산속 ➡ ☐☐

5) 손안 ➡ ☐☐

③ 알맞은 낱말을 찾아 문장을 완성하세요.

1) 우리집과 학교의 ☐☐ 에 도서관이 있어.

2) 과녁의 ☐☐ 을(를) 맞혀야 우승을 하지.

3) 제비가 ☐☐ 을(를) 이리저리 날아다녀요.

4) 도로의 한가운데에 그어진 ☐☐☐ 이(가) 안 보일 정도로 비가 많이 왔어요.

5) 이순신 장군이 쓴 ☐☐ 일기를 읽어봐야겠어요.

4 문장에 어울리는 낱말을 골라 ○표 하세요.

1) 모든 것의 가운데는 (중간 / 중턱)이라고 해.

2) 가운데 지방을 (중심 / 중부) 지방이라고 해.

3) 초등학교를 졸업하면 (고등학교 / 중학교)에 가.

4) 무엇이든 (도중 / 수중)에 포기하면 안 돼.

5) 수영 실력이 부쩍 늘어서 (중급 / 중형)반으로 올라갔어.

5 그림을 보고, 빈칸에 공통으로 들어갈 알맞은 낱말을 쓰세요.

외출 ☐   수면 ☐   한밤☐

☐

6 그림을 보고, 빈칸에 공통으로 들어갈 알맞은 낱말을 쓰세요.

☐ ☐

| 궁중 |
| 산중 |
| 수중
(水中) |
| 공중 |
| 수중
(手中) |
| 공부 중 |
| 수면 중 |
| 외출 중 |
| 도중 |
| 중단 |
| 난중 |

'모두'도 되는 하나

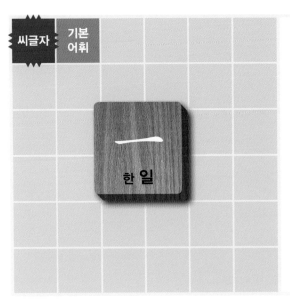

한 일

> 너는 누구니?

> 이마에 뿔이 **하나** 달렸구나!

말처럼 생겼는데 뿔이 달렸네요.

바로 상상 속의 동물, 유니콘이에요.

영어로 유니(uni)는 하나, 콘(corn)은 뿔이라는 뜻이에요.

그러니까 유니콘은 뿔이 하나 달린 동물이네요.

한자말로는 일각수라고 해요.

一	한 일

- **일각수**(一 角뿔각 獸동물수)
  뿔이 하나 달린 동물
- **일렬**(一 列줄렬)
  한 줄
- **일인용**(一 人사람인 用쓸용)
  한 사람이 쓰는 물건
- **일주**(一 周돌주)
  한 바퀴 돎
- **통일**(統합칠통 一)
  하나로 합침

한 줄은 일렬

한 사람이 쓰는 물건은 일인용

한 바퀴를 도는 건 일주

> 자장면으로 **통일**!

하나로 합치는 건 통일

일(一)은 이렇게 '하나'를 뜻해요.

一 한 일

- **일치**(一 致이룰 치)
  하나가 됨
- **일행**(一 行길 행)
  한 방향으로 같이 가는 사람
- **일정**(一 定정할 정)
  하나로 정해짐
- **유일**(唯오로지 유 一)
  오로지 하나임
- **일인이역**(一 人사람 인 二두 이 役역할 역)
  한 사람이 두 사람 역할을 함
- **일방통행**(一 方방향 방 通지날 통 行)
  한 방향으로만 지나감
- **일회**(一 回횟수 회)
  한 번
- **일회용품**
  (一回 用쓸 용 品물건 품)
  한번만 쓰고 버리는 물건
- **일석이조**
  (一 石돌 석 二두 이 鳥새 조)
  돌 하나로 두 마리 새를 잡는다는 뜻으로 한 가지 일로 두 가지 이익을 볼 때 쓰는 말

위의 그림을 반으로 접으면 어떻게 될까요? 왼쪽 그림과 오른쪽 그림이 꼭 맞아떨어지겠죠? 이렇게 딱 들어맞아 하나를 이루는 것을 일치라고 해요.

'일(一)'의 뜻을 생각하며 다음 빈칸을 채워 볼까요?

한 방향으로 같이 가는 사람은 □행,

크기, 모양 등이 하나로 정해져 있는 것은 □정,

오로지 하나뿐인 것은 유□,

> 이중에서 **유일**하게만 '빨간 점박이 퍼머'를 했지, 후훗~

한 사람이 두 사람 역할을 맡을 때는 □인이역이고,

도로에서 한 방향으로만 가야 할 때는 □방통행이죠.

나무젓가락, 종이컵, 종이기저귀는 한 번 쓰고 버리죠?

> 거우 한번 쓰고 버리기냐?

이런 물건을 일회용품이라고 해요.

일회가 바로 '한 번'이라는 뜻이거든요.

'돌 하나로 두 마리 새를 잡는다'는 일석이조(一石二鳥)는 한 가지 일로 두 가지 이익을 볼 때 쓰는 말이죠.

一 첫째, 으뜸 **일**

■ **일층**(一 層층층)
첫 번째 층
■ **일차**(一 次번차)
첫째 번
■ **일인자**
(一 人사람 인 者사람 자)
어떤 분야에서 으뜸 가는 사람
■ **일미**(一 味맛 미)
첫째가는 맛
■ **일급**(一 級등급 급)
첫 번째 등급

엄지손가락 하나만 추켜올리면 무슨 뜻일까요?

맞아요, 최고라는 뜻이죠.

누군가 나에게 엄지를 척 올려 주면 기분이 좋잖아요.

일(一)에는 이렇게 '첫째', '으뜸', '최고'라는 뜻도 있어요.

일층은 첫째 층, 일차는 첫째 번이라는 말이죠.

제일(第一)은 순서로 보아 첫째가는 것, 즉 가장 훌륭하다는

말이에요.

第	一
차례 제	첫째 일
첫째가는 것	

한 분야에서 으뜸인 사람을 일인자라고 해요.

요리의 일인자가 만든 음식이라면 맛도 최고겠죠?

최고의 맛은 일미예요.

한 가지 맛이 아니라 첫째가는 맛이라는 뜻이에요.

'일(一)'이 같은 뜻으로 쓰인 낱말들을 더 알아볼까요?

품질이 으뜸인 것은 일품(一品),

비밀 중에서 으뜸으로 중요한 것은 일급비밀.

전교에서 공부를 제일 잘하면 전교 일등(一等)이지요.

一	品
첫째 일	품질 품
으뜸가는 품질	

一	等
첫째 일	등급 등
첫째 등급	

알 → 애벌레 → 번데기 → 나비

一	모두 일

一 모두 일	生 살 생
살아 있는 동안	

■ **일대기**(一 代일생대 記쓸기)
일생에서 있었던 일을 모두 적은 것

■ **일동**(一 同무리동)
어떤 단체나 모임의 모든 사람

■ **일체**(一 切온통체)
전부 온통

알에서 애벌레, 번데기, 나비로 변하는 모습이에요.

이것을 '나비의 □□'(이)라고 해요. 빈칸에 들어갈 말은? ( )

① 일생　　② 일대　　③ 일동　　④ 소동

빈칸에 들어갈 말은 '일생'이지요.
일생(生)은 사람이나 동물이 살아 있는 동안을 말해요.
태어나서 죽을 때까지예요. 사람의 일생에서 있었던 일을 모두 적은 글은 일대기라고 하고요. 이때 일(一)은 '온', '모두'를 뜻하죠.

그럼 다음 빈칸에 각각 들어갈 말은 뭘까요? (,　　)

• 모든 회사원은 회사원 일동, 모든 학생은 학생 □□.
• 모든 것을 다 책임질 때는 □□을(를) 책임진다고 해.

그래요, 답은 일동, 일체죠. 일동은 '어떤 모임의 모든 사람',
일체는 '모든 것'을 뜻하는 말이에요.

일렬　일인용　일수　통일　일치　일행

일전　유일　일층　일인자　일등　일생

일각수

일렬

일인용

일주

통일

일치

일행

일정

유일

일인이역

일방통행

일회

일회용품

일석이조

① 공통으로 들어갈 한자를 따라 쓰세요.

행			통
층	석 이 조	인 이 역	유
생	한 일		제

② 어떤 낱말에 대한 설명인지 쓰세요.

1) 한 가지 일로 두 가지 이익을 봄 ➡ ☐☐☐☐

2) 크기, 모양 등이 하나로 정해져 있음 ➡ ☐☐

3) 길의 한쪽 방향으로만 다니게 함 ➡ ☐☐☐☐

4) 으뜸가는 품질 ➡ ☐☐

5) 으뜸으로 중요한 비밀 ➡ ☐☐비밀

③ 알맞은 낱말을 찾아 문장을 완성하세요.

1) 내 꿈은 자전거를 타고 세계 ☐☐을(를) 하는 거야.

2) 내 마음을 알아주는 건 ☐☐하게 너뿐이야.

3) 이번 연극에서 나비 1과 눈사람 2 역할을 맡아 ☐☐☐☐을(를) 하게 되었어.

4) 우리 반 장난꾸러기 ☐☐☐은(는) 단연 짱구야.

5) 세종 대왕의 업적과 ☐☐☐을(를) 보여 주는 전시가 열렸어.

4 문장에 어울리는 낱말을 골라 ○표 하세요.

1) 유니콘은 뿔이 하나 달린 동물이어서 (일인용 / 일각수)라고 해.

2) 여럿으로 갈라진 것을 하나로 합치는 건 (통일 / 유일)이야.

3) 한 번 쓰고 버리는 물건을 (일회 / 일방)용품이라고 해.

4) 유민이의 수영 실력은 우리 학교에서 (제일 / 일품)이야.

5) 사람이나 동물이 살아 있는 동안을 (일동 / 일생)이라고 해.

5 그림을 보고, 빈칸에 들어갈 알맞은 낱말을 쓰세요.

1)

2)

3)

한 줄은
☐☐

한 사람이
쓰는 물건은
☐☐☐

한 바퀴
도는 것은
☐☐

6 그림을 보고, 빈칸에 들어갈 알맞은 낱말을 쓰세요.

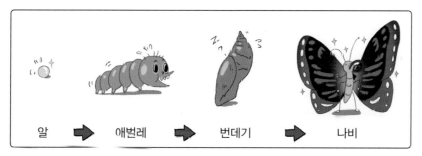

알 ➡ 애벌레 ➡ 번데기 ➡ 나비

알에서 애벌레, 번데기, 나비로 변하는 과정을 나비의 ☐☐이라고 해

| 일층 |
| 일차 |
| 일인자 |
| 일미 |
| 일급 |
| 제일 |
| 일품 |
| 일등 |
| 일생 |
| 일대기 |
| 일동 |
| 일체 |

앗 뜨거워 맨손, 앗 뜨거워 맨발

맨

그것뿐임

맨손으로 만지니까 그렇지.

앗, 뜨거!!!

맨발이라 그렇지.

이름을 나타내는 말 앞에 붙은 맨은 무엇을 뜻할까요?

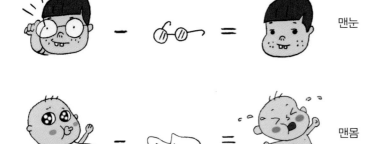

맨눈

맨몸

맨-

그것뿐임

■ **맨눈**
안경이나 렌즈를 끼지 않은 눈

■ **맨몸**
아무것도 입지 않은 몸

■ **맨밥**
반찬 없이 먹는 밥

■ **맨바닥**
아무것도 깔지 않은 바닥

눈이나 몸을 덮고 있던 것이 없어지면
맨눈, 맨몸이 되지요. '맨'은 이렇게
'다른 것이 없이 그것뿐임'을 뜻해요.
뜻을 생각하면서 아래 빈칸을 채워 볼까요?
안경이나 렌즈를 끼지 않은 눈은 ☐눈,
반찬 없이 먹는 밥은 ☐밥,
아무것도 깔지 않은 바닥은 ☐바닥!

맨밥

■ **맨발**
신발이나 양말을 신지 않은 발,
가진 것이 없음
■ **맨주먹**
장갑 따위를 끼지 않은 손,
가진 것이 없음
■ **맨입**
아무것도 먹지 않은 입,
아무 대가 없이 그냥
■ **맨땅**
아무것도 깔지 않은 땅바닥,
가진 것이 없음

'맨발의 청춘', '맨주먹으로 일어섰다'라는 말 들어봤나요?
무슨 말이냐고요?
하하, 원래 맨발은 신발이나 양말을 신지 않은 발을 말해요.
맨주먹도 장갑 따위를 끼지 않은 주먹을 말하고요.
하지만, 그림에서는 가진 것이 아무것도 없다는
뜻으로 쓰였어요!
원래의 뜻을 과장해서 쓰는 말들이지요.
또 있어요. 맨입도 원래는 아무것도 먹지 않은 입을
가리키는 말이에요. 그런데 '아무 대가 없이 그냥'이라는
뜻으로 쓰일 때가 많지요.
아무것도 없는 땅인 맨땅도 바뀐 뜻으로 자주 쓰여요.
아무것도 가진 것이 없다는 말이지요.
옆에 아저씨 좀 봐요. 영어도 모르면서
미국 가서 고생을 많이 했대요. 하하.
그래도 맨발, 맨주먹으로도 맨땅에서
성공할 수도 있다는 걸 기억하세요.

맹-, 민-

~이 없는

- **맹물**
아무것도 넣지 않은 물

- **민물**
소금기 없는 물

- **민소매**
소매가 없음

- **민 낚싯바늘**
낚싯바늘 끝에 작은 갈고리가 없는 낚싯바늘

- **민짜 거울**
아무 장식도 하지 않은 거울

- **민무늬**
무늬가 없음

- **민둥산**
나무가 없는 산

맹물? 민물? 무슨 물일까요?

아무것도 넣지 않은 물이 맹물이에요.

소금기 없는 물은 민물이라고 하고요. 소리가 비슷하죠?

민소매   민 낚싯바늘   민짜 거울

소매 없는 옷을 어른들은 '나시'라고도 말하죠?

민소매라고 하는 게 맞는 표현이에요.

'나시'는 일본말이거든요.

뾰족한 갈고리가 없는

낚싯바늘은 민 낚싯바늘,

아무 장식도 없는 거울은 민짜 거울.

무늬가 없으면 민무늬라고 하는데,

무늬가 없는 그릇을

민무늬 그릇이라고 하잖아요.

나무가 하나도 없는 산은

민둥산이에요.

싸우지 말아요. 둘 다 맞는 말이에요.
알은 껍질이나 필요없는 부분이 없는
알맹이를 가리키는 말이에요.
그래서 '알'은 '진짜'를 뜻하기도 해요.
알맹이가 진짜잖아요?

알
알맹이, 진짜

■ **알몸**
옷을 입지 않은 맨몸

■ **알밤**
밤송이 속의 알맹이

■ **알곡**
쭉정이를 골라낸 곡식 알맹이

■ **알부자**
겉보기와 달리 실속 있는 부자

■ **알거지**
아무것도 가진 것이 없는 사람

■ **알짜**
중요한 것, 실속이 있는 것

■ **알토란 같다**
아주 실속 있다, 소중하다

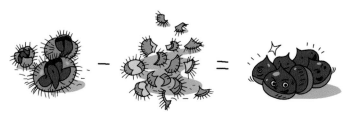

밤송이 속의 밤 알맹이는 알밤이에요.
그럼 지푸라기나 쭉정이를 골라내고 남은 곡식 알맹이는 뭘까요?
맞아요. 알곡이라고 해요.
진짜 부자는 알부자,
진짜 거지는 알거지라고 하잖아요. 들어봤죠?
알짜(배기)라는 말도 '알'에서 나왔다는 사실!

🔔 이런 말도 있어요

소중한 것을 말할 때 알토란 같다라고 해요.
토란은 식물인데, 껍질과 지저분한 털을 다듬기가
무척 힘들어요. 그래서 깨끗하게 다듬은 토란인
알토란을 소중하다는 뜻으로 쓰게 되었지요.

맨
그것뿐임

맨눈

맨몸

맨밥

맨바닥

맨발

맨주먹

맨입

맨땅

맹물

민물

민소매

1 공통으로 들어갈 낱말을 쓰세요.

발				몸
입	주 먹		바 닥	눈
땅				밥

2 어떤 낱말에 대한 설명인지 쓰세요.

1) 안경이나 렌즈를 끼지 않은 눈 → ☐☐

2) 나무가 하나도 없는 산 → ☐☐☐

3) 소금기가 없는 물 → ☐☐

4) 정말로 가진 것이 하나도 없는 거지 → ☐☐☐

5) 쭉정이를 골라낸 곡식 알맹이 → ☐☐

3 알맞은 낱말을 찾아 문장을 완성하세요.

1) 자린고비는 매달아 놓은 생선을 바라보며 ☐☐ 만 먹었대요.

2) 여름에는 소매가 없는 ☐☐☐ 티셔츠가 시원해요.

3) ☐☐ (으)로 밤 송편을 만들어 먹어요.

4) 시력이 낮아서 ☐☐ (으)로는 아무것도 안 보여요.

5) 아무것도 깔지 않은 ☐☐☐ 에 앉으면 엉덩이가 차가워요.

4 문장에 어울리는 낱말을 골라 ○표 하세요.

1) (맨눈 / 맨손)으로 뜨거운 냄비를 만지면 큰일 나.

2) 쭉정이를 골라낸 (알곡 / 알짜)(으)로 떡을 해 먹었어.

3) 아무 무늬도 없는 (민무늬 / 민소매) 옷은 예쁘지 않아.

4) 계곡물은 소금기가 없는 (맹물 / 민물)이야.

5) 게임을 하느라 돈을 다 써서 (알거지 / 알부자)가 되었어.

5 그림을 보고, 빈칸에 들어갈 알맞은 낱말을 쓰세요.

1)

난 ㄴㅁㅁ의 청춘이었어.

신발이 없었다고요?

2)

넌 ㅁㅁㅁ으로 일어섰다고.

악!

장갑은 나도 없는데…

6 그림을 보고, 빈칸에 들어갈 알맞은 낱말을 쓰세요.

1)

할머니는 너무 반가워 ☐☐로 뛰어오셨어요.

2)

영어를 모르는 아저씨는 미국에서 그야말로 ☐☐에 헤딩을 했네요.

민 낚싯바늘
민짜 거울
민무늬
민둥산
알몸
알밤
알곡
알부자
알거지
알짜
일로틴 같디

이가 덧나 덧니

덧
겹치다

모두 '넛니'가 났으니 누가 범인인지 못 찾겠네요.
어떻게 생긴 이가 '덧니'일까요? 다음 그림에서 찾아봐요.

맞아요, 두 번째 토끼의 이가 덧니예요. 처음 난 이 위에 겹쳐서
난 이를 덧니라고 하거든요. 왜 '덧이'가 아니냐고요?
발음하기 편하게 모양이 바뀌어 '덧니'가 된 거예요.
노란색 위에 파란색을 칠하면 어떻게 될까요?
맞아요, 초록색이 돼요. 이렇게 이미 칠해진 것 위에 겹쳐서
칠하는 걸 뭐라고 할까요? 겹쳐서 칠하니까 덧칠이지요.
여기에서 덧은 '겹치다'는 뜻이에요.
뜻을 생각하면서 빈칸을 채워 봐요.
겹쳐서 난 이는 ☐니, 겹쳐서 칠하면 ☐칠.

덧-
겹치다

■ 덧니
처음 난 이 위에 겹쳐서 난 이

■ 덧칠
이미 칠해진 것 위에 겹쳐서 칠
하는 것

요렇게
바깥쪽으로
비쭉 나온 이는
뻐드렁니야!

밖에 추우니까 **덧옷** 꼭 입고 나가라.
네, 엄마.

흠… 뭘 입지?

안녕.

덧-
겹쳐서

■ **덧옷**
옷 위에 겹쳐 입는 옷

■ **덧신**
신발 위에 겹쳐 신는 신발

■ **덧저고리**
저고리 위에 겹쳐 입는 저고리

■ **덧버선**
버선 위에 겹쳐 신는 버선

■ **덧소매**
소매 위에 겹쳐 입는 소매

■ **덧문**
문 바깥에 겹쳐서 다는 문

덧옷은 입고 있는 옷 위에 겹쳐 입는 옷을 말해요.
입고 있는 옷이 젖거나 더러워지지 않게 하려고 '덧옷'을
입기도 해요.
또 입고 있는 옷만으로는 추울 때도 덧옷을 덧입죠.

그럼 신발 위에 겹쳐 신는 신발은 뭐라고 부를까요? (   )

① 싫신   ② 기신   ③ 꽁신   ④ 덧신

너무 쉽죠? 정답은 ④번, 덧신이에요.
이제 큰 소리로 읽으며 빈칸을 채워 봐요.
저고리 위에 겹쳐 입는 저고리는? ☐저고리.
버선 위에 겹쳐 신는 큰 버선은? ☐버선.
소매 위에 겹쳐 입는 소매는? ☐소매.
저고리나 버선은 요새 잘 착용하지 않죠?
하지만 '덧소매'는 많이 봤을 거에요.
미술 시간에 크레파스나 물감이 소매에 묻지 않도록 겹쳐 입는
소매만 있는 토시가 덧소매예요.
토시와 덧소매는 같은 말이란 말씀.
원래 있는 문 바깥에 겹쳐서 다는 문은 덧문이에요.
날씨가 추울 때 '덧문'을 달면 추위를 막을 수 있지요.
여름에는 모기장으로 '덧문'을 달면,
모기는 막고, 바람은 통해서 시원하게 지낼 수 있어요.

에잉, **덧문**이 있었잖아!

엉덩이를 **덧붙인** 자전거용 바지! 이젠 덜 아플 거야.

/끼익/

근데 왜 하필 엉덩이 모양이냐.

덧-
겹쳐서

- **덧붙이다**
  원래의 것 위에 겹쳐서 붙이다
- **덧나다**
  원래 있는 것 위에 겹쳐서 나다

바지의 엉덩이 부분에 가짜 엉덩이를 겹쳐서 붙였으니
덧붙인 거죠? 물건뿐 아니라 말을 '덧붙이'기도 해요.
덧붙이다의 덧도 '겹치다'는 뜻이에요.

그럼 원래 있는 것 위에 겹쳐서 나는 건 뭐라고 할까요? (   )

① 또 나다   ② 겹나다   ③ 신나다   ④ 덧나다

🔔 **상처가 덧나다**
여기서 '덧나다'는 다친 곳이 낫지 않고 더 나빠지는 걸 뜻해요.

맞았어요. 정답은 ④번, 덧나다라고 해요.
'겹치다'라는 뜻을 생각하며 빈칸을 채워 봐요.
입고 있는 옷 위에 다른 옷을 겹쳐서 입는 건 ☐입다.

케첩이 **덧씌워진** 맛있는 핫도그!

천 위에 다른 천을 겹쳐서 대는 건 ☐대다.
바나나 위에 초콜릿을 겹쳐서 씌우면
☐씌우다.
사람들이 정성을 보탠 데다 나의 정성을 더
하는 것은 정성을 ☐보태다라고 하죠.

- **덧입다**
  입고 있는 옷 위에 겹쳐 입다
- **덧대다**
  겹쳐서 대다
- **덧씌우다**
  겹쳐서 씌우다
- **덧보태다**
  이미 보태진 데다 더 보태다

잘들 한다. 그렇게 **덧정**이 없어서들 어떡해.

학교 가기 싫어~
회사 가기 싫어~

🔔 **이런 말도 있어요**
덧정은 한곳에 오래 있다 보니 덧붙은 정을
말해요. 하지만 주로 '덧정 없다'라는 말로 많이
써요. 덧정 없다는 오래 있어도 끌리거나
좋아하는 마음이 생기지 않는다는 말이에요.

군-
쓸데없이 덧붙은

■ **군살**
쓸데없이 덧붙은 살

■ **군것질**
쓸데없이 더 먹는 것

■ **군걱정**
쓸데없는 걱정

■ **군말**
쓸데없이 덧붙은 말

■ **군소리**
쓸데없이 덧붙이는 소리

■ **군침**
입 안에 쓸데없이 더 두는 침

■ **군식구**
식구가 아닌데 얹혀서 사는
사람

그림에서 엄마가 꽉 꼬집은 군살은 쓸데없이 덧붙은 살이에요. 여기서 군은 원래 것 위에 쓸데없이 덧붙은 것, 군더더기를 뜻하죠. '덧'과 비슷하지만, 없어도 되거나 중요하지 않을 때는 '군'을 붙여요.

그럼, '군것질'의 '군'도? 맞아요. '군것'은 없어도 되는 거예요. 군것질은 안 먹어도 되는 음식을 쓸데없이 더 먹는 거지요.

빈칸을 채우며 '군'이 붙은 말을 더 알아볼까요?

쓸데없는 걱정은 ☐걱정, 쓸데없이 덧붙은 말은 ☐말, 쓸데없이 덧붙이는 소리는 ☐소리예요.

맛있는 걸 보면 먹고 있지 않는데도 침이 고이죠? 입 안에 쓸데 없이 더 도는 침이라서 ☐침이라고 불러요.

또 집안 식구가 아닌데 얹혀서 사는 사람은 ☐식구라고 하죠.

🔔 **이런 말도 있어요**

옛날에는 아궁이에 불을 피워 솥에 음식도 끓이고, 온돌도 따뜻하게 데웠어요. 음식은 끓이지 않고, 빙빈 덥히려고 피우는 불을 군불이라고 해요. '군불을 때다', '군불을 지피다'라고 말하지요.

군불 지피니까 금방 따뜻해질 거야.

덧
겹치다

덧니
덧칠
덧옷
덧신
덧저고리
덧버선
덧소매
덧문
덧붙이다
덧나다

1 공통으로 들어갈 낱말을 쓰세요.

```
니                           칠
신 — 나 다   [    ]  붙 이 다   옷
문                           정
```

2 어떤 낱말에 대한 설명인지 쓰세요.

1) 음식은 끓이지 않고, 방만 덥히려고 피우는 불 → □□

2) 버선 위에 겹쳐 신는 버선 → □□□

3) 집안 식구가 아닌데 얹혀서 사는 사람 → □□□

4) 입 안에 쓸데없이 더 도는 침 → □□

5) 처음 난 이 위에 겹쳐서 닌 이 → □□

3 알맞은 낱말을 찾아 문장을 완성하세요.

1) 소매에 물감이 묻지 않도록 □□□ 을(를) 준비했어요.

2) 모기 물린 자리를 자꾸 긁었더니 오히려 □ 났어.

3) 맛있어 보이는 떡볶이를 보니 □□ 이 고였어.

4) 밖이 추우니 꼭 □□ 을(를) 입고 나가렴.

5) 물감으로 여러 번 □□ 을(를) 했어요.

4 문장에 어울리는 낱말을 골라 ○표 하세요.

1) 할머니는 양말 위에 덧버선을 (덧신으셨어 / 덧보태셨어).

2) 어릴 때 이를 제때 뽑지 않아서 (덧신 / 덧니)이(가) 났어요.

3) 신발 위에 겹쳐 신는 신발을 (덧신 / 짚신)이라고 해요.

4) 수정이는 밥을 먹자마자 또 (군것질 / 군침)을 해요.

5) 원래 있는 것 위에 겹쳐서 나는 것을 (겹나다 / 덧나다)라고 해요.

5 그림을 보고, 빈칸에 들어갈 알맞은 낱말을 쓰세요.

6 그림을 보고, 빈칸에 공통으로 들어갈 알맞은 낱말을 쓰세요.

| 덧입다 |
| 덧대다 |
| 덧씌우다 |
| 덧보태다 |
| 덧정 |
| 군살 |
| 군것질 |
| 군걱정 |
| 군말 |
| 군소리 |
| 군침 |
| 군식구 |
| 군불 |

자꾸자꾸 되새김질

되

다시

하루 종일 먹고도 배가 안 불러?

아까 먹은 거 **되**씹는 거야!

소가 이미 삼킨 먹이를 토해 내서 다시 씹고 있다고요?

이것을 뭐라고 말할까요? (　　)

① 되새김질　　② 뇌새김질　　③ 뙤새김질　　④ 외새김질

정답은 ①번, 되새김질이에요. 되새김질의 '되'는 '다시'를 뜻해요. 소뿐 아니라 사람도 되새길 수 있어요.

앗, 소처럼 삼킨 것을 다시 씹어 보겠다고요? 아니요!

이때 되새기다는 지난 일을 다시 떠올려 골똘하게 생각하는 것을 뜻해요. 비슷한 말로 되씹다와 되짚다도 있지요.

자, 다음 빈칸에 공통으로 들어갈 말은 무엇일까요? (　　)

• 벽에 붙여 두었던 껌을 떼어 되□□.
• 작년 생일에 있었던 일을 되□□.

답은 '씹다'지요. 다시 씹는 것도, 되새기는 것도 모두 '되씹다'라고 해요. 하지만 '되짚다'는 다시 살펴본다는 뜻으로만 쓰여요.

새김질은 소나 양 같은 동물들이 먹은 것을 토해 내어 다시 씹는 일을 말해.

되-

다시

■ **되새기다**
지난 일을 다시 떠올려 곰곰이 생각하다

■ **되씹다**
다시 씹다, 되새기다

■ **되짚다**
지난 일을 다시 살펴보다

되-
자꾸

■ **되묻다**
자꾸 다시 묻다

■ **되풀이**
같은 일을 자꾸 다시 하는 것

■ **되뇌다**
같은 말을 자꾸 되풀이하다

똑같은 것을 자꾸 물으면 듣는 사람이 귀찮겠죠?

이렇게 물었던 것을 다시 묻는 것을 되묻다라고 해요.

'되묻다'는 질문에 대답하지 않고, 되받아 묻는다는 뜻도 있어요.

그런데 어떤 친구는 한 번만 되묻는 게 아니라 자꾸자꾸 되물어요.

이처럼 같은 일을 '계속해서 다시 하는 것'을 되풀이라고 하죠.

아하! 1등의 비결은 '되풀이'하는 거였군요.

노래 가운데에는 한 부분을 되풀이해서 부르는 곳도 있어요.

애국가에서는 '무궁화 삼천리 화려 강산…'이 되풀이해서 부르는 부분이에요.

이렇게 되풀이해서 부르는 부분을 '후렴'이라고 하죠.

같은 말을 되풀이하는 것을 되뇌다라고 하고요.

심부름을 갈 때 심부름 내용을 되뇌는 친구들이 많죠?

무엇을 사야 하는지 잊지 않으려고 자꾸만

되풀이해서 말하는 거예요.

되-

다시, 원래대로

■ **되살리다**
다시 살리다
■ **되찾다**
도로 찾다
■ **되돌아가다**
도로 돌아가다
■ **되감다**
원래대로 감다

불이 꺼지지 않게 무엇을 해야 할까요? (　　　)

① 되새김질　　② 되풀이　　③ 되짚기　　④ 되살리기

맞아요. 되살리기를 해야 하죠. 되살리기는 꺼져 가는 불씨를 다시 살리거나 시들어 가는 식물을 다시 살릴 때 쓰는 말이에요.
되에는 이렇게 '원래대로', '도로'라는 뜻도 있어요.
'되'의 뜻을 생각하면서, 서로 어울리는 그림과 낱말을 연결해 보세요.

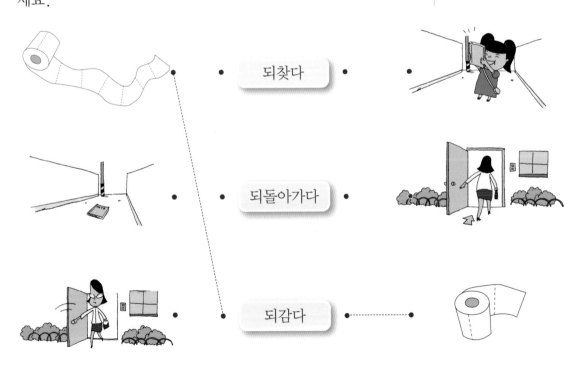

되찾다

되돌아가다

되감다

반성(反省)은 말이나 행동을 되돌아보고 무엇을 잘못했는지 살피는 것을 말해요. 뭉치는 선생님 물음에 답하지 않고, 반성이 뭐냐고 다시 물었죠?

이렇게 물음에 답하지 않고, 되묻는 것을 반문이라고 해요. 반성이나 반문의 반(反)은 '다시, 되풀이하다'는 뜻이에요. 같은 뜻을 가진 한자가 또 있어요. '복(復)'이에요. 복(復)에도 '되풀이하다, 되돌리다'라는 뜻이 있지요. 그럼, 이미 배운 내용을 다시 공부하는 것은 뭘까요? 에이, 너무 쉽지요? 복습(復習)이에요.

나빠졌던 것이 원래대로 되돌아오는 것은 회복, 옛날 것으로 돌아가 그것을 따르는 것은 복고예요. '반'과 '복'이 합쳐지면 어떤 말이 될 까요?

반복! 맞아요. 반복은 같은 일을 되풀이한다는 뜻이죠.

反 다시 반

反	省
다시 반	살필 성

다시 살펴보다

- **반문**(反 問물을문)
  다시 물음, 되물음
- **반복**(反 復다시복)
  같은 일을 되풀이함

復 다시 복

復	習
다시 복	익힐 습

배운 것을 다시 익히다

- **회복**(回돌아올회 復)
  원래대로 돌아옴
- **복고**(復 古오랠고)
  옛날 것으로 돌아가 그것을 따름

🔔 **광복절**
(光빛광 復다시복 節기념일절)
일본에 빼앗겼던 우리나라를 다시 찾은 날이지요. 우리나라를 '빛'에 빗대어 표현했어요.

되새기다

되씹다

되짚다

되묻다

되풀이

되뇌다

되살리다

되찾다

되돌아가다

되감다

① 공통으로 들어갈 낱말을 쓰세요.

| 찾다 | | 뇌다 | | | 씹다 | | 새김질 |
| 짚다 | | | | | | | 살리다 |

② 어떤 낱말에 대한 설명인지 쓰세요.

1) 지난 일을 다시 떠올려 곰곰이 생각함 ➜ ☐☐☐☐

2) 물었던 것을 다시 물음 ➜ ☐☐☐

3) 이미 배운 내용을 다시 공부함 ➜ ☐☐

4) 일본에 빼앗겼던 우리나라를 다시 찾은 날 ➜ ☐☐☐

5) 같은 일을 되풀이함 ➜ ☐☐

③ 알맞은 낱말을 찾아 문장을 완성하세요.

1) 소는 ☐☐☐☐ 을(를) 하는 동물이야.

2) 약을 안 먹으니까 ☐☐ 이(가) 더디잖아.

3) 영어 단어를 외우려면 ☐☐ 을(를) 많이 해야 해요.

4) 거짓말을 하다니, 잘못을 뉘우치면서 ☐☐ 좀 해!

4 문장에 어울리는 낱말을 골라 ○표 하세요.

1) 벽에 붙여 두었던 껌을 떼어 (되짚었어 / 되씹었어).

2) 엄마는 하루 종일 잔소리만 (되감기 / 되풀이) 하셔.

3) 광복절은 잃어버린 나라를 (되찾은 / 되돌린) 날이야.

4) 할아버지의 건강이 점차 (회복 / 복고)되고 있어 다행이야.

5) 빵이 다 팔리는 바람에 빈손으로 (되돌아 / 되살아) 갔어.

5 그림을 보고, 빈칸에 들어갈 알맞은 낱말을 쓰세요.

1)

2)

6 그림을 보고, 말풍선 속 대화를 바르게 고친 것을 고르세요. (   )

① 내일 배울 것 반습해야지.

② 내일 배울 것 회복해야지.

③ 내일 배울 것 반학해야지.

④ 오늘 배운 것 복습해야지.

⑤ 오늘 배운 것 회복해야지.

반성
반문
반복
복습
회복
복고
광복절

줄 흔적의 색, 조흔색

조흔색(條줄 조 痕흔적 흔 色색깔 색)은 금, 은, 철과 같은 광물로 유약을 바르지 않고 초벌구이한 도자기 판을 그었을 때 생기는 줄 흔적의 색깔이에요. 조흔색을 비교하면 겉모양이 비슷해서 구분이 힘들었던 광물을 쉽게 구별할 수 있어요. 한자의 뜻을 풀이하니까 어렵게 느껴졌던 낱말의 의미가 이해되지요?

條	痕	色
줄 조	흔적 흔	색깔 색

자기를 광물로 긁었을 때
생기는 줄 흔적의 색깔

- **우각호**(牛소 우 角뿔 각 湖호 수 호)
쇠뿔 모양의 호수
- **선상지**(扇부채 선 狀모양 상 地땅 지)
부채 모양으로 만들어진 땅

지형을 나타내는 말, 말, 말!

우각호(牛소 우 角뿔 각 湖호수 호) 의 '우각'은 소의 뿔이고, '호'는 호수를 뜻해요.

그래서 우각호는 쇠뿔 모양의 호수지요. 구불구불한 하천 일부 에 흙이나 모래가 쌓여 생겼죠.

선상지(扇부채 선 狀모양 상 地땅 지)는 부채 모양으로 만들어진 땅이에요. 골짜기 어귀에 강물이나 냇물이 옮겨 온 자갈과 모래 가 쌓여 만들어졌죠.

역시 각각 한자어의 뜻이 풀이가 된 낱말이에요.

삼각주(三석 삼 角각 각 洲섬 주)는 삼각형 모양으로 쌓인 섬 같은 땅이란 뜻이에요. 강이 바다로 들어가는 어귀에 강물이 운반해 온 모래나 흙이 삼각형 모양으로 쌓여 만들어졌지요.

주상절리(柱기둥 주 狀모양 상 節마디 절 理결 리)는 제주도 바닷가에서 볼 수 있어요. 용암이 땅 위에서 식어 굳으면서 기둥 모양으로 마디가 갈라진 결을 나타내는 말이에요.

흐름을 뜻하는 유(流)

'흐를 유(流)' 자가 들어간 과학 용어도 많아요. '흐르다'라는 공통적인 뜻이 담겨 있다고 짐작할 수 있겠지요?

유선형(流흐를 유 線줄 선 型모형 형)은 물이나 공기의 저항을 가장 작게 받기 위하여 물고기 몸통처럼 앞은 둥글고 뒤로 갈수록 뾰족하게 만든 형태를 말해요. 자동차, 비행기 등의 모양에 이용되지요.

유수대(流흐를 유 水물 수 臺대 대)는 한사 뜻 그대로 물이 흐르면서 어떤 일을 하는지 알아볼 수 있게 만든 대예요.

물은 일직선으로 흐르지만은 않아요. 구불구불 휘어진 상태로 흐르기도 하는데, 이렇게 물이 휘어져 흐르는 것이나

어때? 내가 만든 유수대야!

땅이 휘어져 있는 곳을 '굽을 곡(曲)'을 써서 곡류라고 해요.
자, 이제 어려운 과학 용어를 쉽게 이해할 수 있겠죠?

- **삼각주**(三석삼 角각각 洲섬주)
  삼각형 모양으로 쌓인 섬 같은 땅
- **주상절리**(柱기둥주 狀節마디 절 理결리)
  기둥 모양으로 마디가 갈라진 결
- **유선형**(流흐를 유 線줄 선 型모형 형)
  앞은 둥글고 뒤로 갈수록 뾰족하게 만든 형태
- **유수대**(流 水물수 臺대 대)
  물이 흐르면서 하는 일을 알아볼 수 있게 만든 대
- **곡류**(曲굽을 곡 流)
  물이 휘어져 흐르는 것, 땅이 휘어져 있는 곳

우	각	흐		선	상	지		삼	각	주		유	선	형		곡	류
												수					
	주	상	절	리								대					

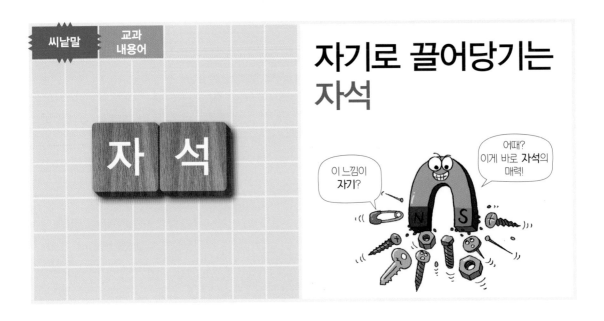

자기로 끌어당기는 자석

이 느낌이 **자기**?

어때? 이게 바로 **자석**의 매력!

磁	石
자석 자	돌 석
철을 끌어당기는 성질이 있는 물체	

이것에 철 가루를 대면 척 달라붙어요. 이것은 무엇일까요? 맞아요. 자석이에요. 자석은 원래 '철을 끌어당기는 돌'이란 뜻이에요. 철을 끌어당기는 성질을 가진 물체를 부르는 말이기도 하죠. 자철석이라는 돌에 자석의 성질이 있는 것을 발견하고 붙인 이름이라고도 해요. 그럼 자석과 관련된 낱말을 알아볼까요?

자석의 성질과 관련된 낱말

자석과 관련된 낱말은 주로 과학 교과서에 많이 나와요.
자석이 쇠붙이를 끌어당기는 기운은 자기, 자기를 띤 물체가 나타내는 성질은 자성, 자석의 힘이 미치는 장소는 자기장이에요.
자석과 철로 된 물체 사이 또는 자석과 자석 사이에 서로 밀거나
당기는 힘은 자기력, 자기장
의 크기와 방향을 나타내는
선은 자기력선이라고 해요.
투명 아크릴판 위에 철 가루
를 뿌려 놓고, 그 밑에 자석
을 갖다 대면 자기력선을 쉽

우왜! **자기력**이 눈에 보이네!

- **자철석**(磁 鐵쇠 철 石)
  자석의 성질이 있는 광물
- **자기**(磁 氣기운 기)
  자석이 쇠붙이를 끌어당기는 기운
- **자성**(磁 性성질 성)
  자기를 띤 물체가 나타내는 성질
- **자기장**(磁 氣 場장소 장)
  자석의 힘이 미치는 장소 또는 공간
- **자기력**(磁 氣 力힘 력)
  자석과 자석 사이에 서로 밀거나 당기는 힘
- **자기력선**(磁 氣 力 線줄 선)
  자기장의 크기와 방향을 나타내는 선

게 관찰할 수 있어요. 철 가루는 자기력에 따라 줄을 지어 일정하게 늘어선 모양을 하게 되는데, 이것이 자기력선의 모양이죠. 자석이 아닌 물체가 자기장 안에서 자석 같은 성질을 띠는 경우도 있는데, 이를 자기화가 된다는 뜻의 자화라고 해요.
자석과 관련된 낱말은 '자기'에 한자어가 한두 개 합쳐진 낱말들이 대부분이네요.

자석의 쓰임과 관련된 낱말

막대자석은 막대 모양의 길쭉한 자석으로, 엔(N)극과 에스(S)극이 표시되어 있어요. 빨간색이 N극, 파란색이 S극이에요.
원형 자석은 동그란 모양의 자석이에요. 자기력이 매우 세서 건강에 도움을 주는 의료 기구나 스피커 등에 많이 사용해요.
전자석은 전류가 흐르면 자화되고, 전류를 끊으면 원래의 상태로 돌아가는 일시적인 자석이에요. 무른 철로 만든 막대인 연철봉에 전류를 통하게 한 쇠붙이 술을 감아서 만들 수 있어요.
전자석은 우리 생활에 많이 이용되는데, 문의 잠금장치와 같이 간단한 것에서부터 무거운 물건을 들어 올리는
크레인(기중기), 자기력을 이용해서 가는 기차 등에도 쓰이죠.

지잉

전자석으로 만든
크레인

철(鐵) 가루
쇳가루

■ **자화(磁 化될화)**
자석이 아닌 물체가 자기장 안에서 자석 같은 성질을 띠는 것

■ **막대자석(磁石)**
막대 모양의 길쭉한 자석

■ **원형 자석(圓둥글 원 形모양 형 磁石)**
동그란 모양의 자석

■ **전자석(電전류 전 磁石)**
전류가 흐르면 자화되고, 전류를 끊으면 원래의 상태로 돌아가는 일시적 자석

■ **연철봉(軟연할 연 鐵 棒막대봉)**
무른 철로 만든 막대

■ **크레인(crane)**
= **기중기**
무거운 물건을 들어 올리는 기계

	지	기		자	기장		자	기	력	선			전		철	가	루
	성			기			화						자				
				력								자	철	석	연	철	봉

씨낱말
블록 맞추기

조 흔 색

① 설명과 같이 한자 풀이를 통해 알 수 있는 낱말을 쓰세요.

1) 초벌구이 한 도자기 조각에 광물을
그었을 때 생기는 줄 흔적의 색깔   →   ☐☐☐

2) 삼각형 모양으로 쌓인 섬 같은 땅   →   ☐☐☐

② 주어진 낱말을 넣어 문장을 완성하세요.

1) | 주 | 상 | 절 | 리 |
    | 우 | 각 | 호 |

쇠뿔 모양의 호수는 ☐☐☐,
용암이 식어 굳으면서 기둥 모양으로 마디가
갈라진 결은 ☐☐☐☐이다.

2) | 선 | 상 | 지 |
    | 삼 | 각 | 주 |

부채 형상으로 만들어진 지형은 ☐☐☐,
삼각형 모양으로 쌓인 섬 같은 땅은 ☐☐☐
이다.

3) | 유 | 선 | 형 |
    | 수 |
    | 대 |

앞은 둥글고 뒤로 갈수록 뾰족하게 만든 형태는
☐☐☐, 물이 흐르면서 하는 일을 알아볼 수
있게 만든 대는 ☐☐☐이다.

③ 예문에 알맞은 낱말을 빈칸에 쓰세요. [과학]

광물을 구분할 때 색깔이 비슷한 경우에는 ☐☐☐ 을(를) 비교
하여 구분할 수 있다. 예를 들어 황동석과 금은 똑같이 황금색을 띠지
만, 황동석의 ☐☐☐ 은(는) 검은색이고, 금의 ☐☐☐
은(는) 연한 금색이다.

조흔색

우각호

선상지

삼각주

주상절리

유선형

유수대

곡류

씨낱말 블록 맞추기 — 자석

1 [보기]의 낱말과 관련이 있으며, 철을 끌어당기는 성질이 있는 물체를 뜻하는 낱말을 쓰세요.

보기	자 철 석	자 기 장
	자 기 력	자 화

2 주어진 낱말을 넣어 문장을 완성하세요.

1) 자 기 석

자석이 쇠붙이를 끌어당기는 기운은 ☐☐ , 자기를 띤 물체가 나타내는 성질은 ☐☐ 이다.

2) 자 기 장 기 력

자석 주변에 철 가루들이 늘어서는 것은 자석의 힘인 ☐☐☐ 이 작용하고 있는 것이며, 이 힘이 미치는 공간을 ☐☐☐ 이라고 한다.

3) 자 기 력 선 화

자기장의 크기와 방향을 나타내는 선은 ☐☐☐☐ , 자석이 아닌 물체가 자기장 안에서 자석 같은 성질을 띠는 것은 ☐☐ 이다.

3 문장에 어울리는 낱말을 골라 ○표 하세요.

1) 엔극과 에스극이 표시된 (원형 자석 / 막대자석)을 이용하여 자석의 성질을 알아볼 수 있어.

2) 무거운 물건을 들어 올리는 크레인은 전류가 흐르면 자화되는 (막대자석 / 전자석)을 이용한 기계야.

3) 투명 아크릴판 위에 철 가루를 뿌려 놓고, 그 밑에 자석을 갖다 대면 (자화 / 자기력선)을(를) 쉽게 살펴볼 수 있어.

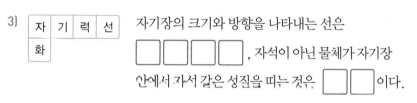

자석

자철석

자기

자성

자기장

자기력

자기력선

철 가루

자화

막대자석

원형 자석

전자석

연철봉

크레인

기중기

문화재는 우리나라의 재산

문 화 재

난, 우리나라 재산인 문화재!

나도 우리집 재산이야!

아이고, 그러셔?

문화재는 조상들이 남긴 유산 중 역사적, 문화적 가치가 높아 보호해야 할 재산이에요. 문화는 사람들이 오랜 세월에 걸쳐 쌓아 온 생활의 바탕이고요. 옷, 음식, 집을 비롯하여 예술, 풍습, 과학, 종교 등을 두루 이르는 말이지요. 문화에 '재물 재(財)' 자가 붙어 문화재라는 말이 된 거예요.

문화 가운데 후손에게 물려줄 만한 가치가 있는 것은 문화유산이에요. 원래 문화유산 안에 문화재가 포함되지만, 둘 다 비슷한 의미로 함께 쓰이기도 해요.

다양한 종류의 문화재

문화재의 종류는 형태에 따라 다양해요.
책, 건축물, 예술품처럼 형체가 있는 유형 문화유산,
춤, 음악, 놀이처럼 형체가 없는 무형 문화유산, 있지요. 광화문은 유형 문화재,
판소리나 탈춤은 무형 문화

무형 문화유산을 싫고 있는 우리는 인간문화재!

文	化	財
문화 문	될 화	재물 재

조상들이 남긴 유산 중 역사적, 문화적 가치가 높아 보호해야 할 재산

■ **문화(文化)**
사회를 이루어 살면서 오랜 세월에 걸쳐 쌓아 온 생활의 바탕

■ **문화유산(文化 遺**남길 유 **産**낳을 산**)**
후손에게 물려줄 만한 가치가 있는 문화

■ **유형(有**있을 유 **形**모양 형**) 문화유산**
형체가 있는 문화재

■ **무형(無**없을 무 **形**) 문화유산**
형체가 없는 문화재

■ **인간(人**사람 인 **間**사이 간**)문화재**
문화 분야에서 남다른 기술을 나라에서 인정한 사람

재죠.

전통 무용, 음악, 공예 같은 분야에서 남다른 기술을 나라에서 인정한 사람은 인간문화재예요. 정식 이름은 '국가 무형 문화재 보유자'지요.

문화재는 오랫동안 전해 내려오는 나라 고유의 문화인 전통문화 중 하나예요. 요즈음 대중들이 즐기는 춤, 음악, 영화 등은 대중문화지요. 문화를 누리고 발달시키는 데 필요한 도서관, 극장, 박물관 등은 문화 시설이랍니다.

세계 유산도 문화재

전 세계적으로 가치가 있는 세계 유산은 크게 문화유산, 자연유산, 복합유산, 무형유산, 기록유산으로 분류해요.

세계 유산은 유네스코(UNESCO)에서 지정하고 보호하지요.

세계 문화유산에는 건축물, 조각, 그림 등이 해당되지요. 우리나라의 창덕궁, 불국사, 수원 화성 등도 세계 문화유산으로 지정되어 그 가치를 인정받았어요.

세계 기록 유산은 훼손되거나 없어질 위기에 놓인 기록물의 보존과 이용을 위하여 선정했어요. 훈민정음 해례본, 조선왕조실록 등이 이에 속해요.

세계 무형 유산은 모양은 없으나 전 세계직으로 가치가 있고 뛰어난 유산으로 강릉 단오제, 남사당놀이 등이 있어요.

이렇게 뛰어난 문화유산을 남겨 주신 조상들에게 감사하는 마음을 갖고, 함께 보호하고 지키자고요.

전통(傳전할 전 統계통 통)**문화**
오랫동안 전해 내려오는 나라 고유의 문화

대중(大큰 대 衆무리 중)**문화**
대중들이 즐기는 문화

문화 시설(文化 施베풀 시 設세울 설)
문화를 누리는 데 필요한 시설

세계(世세상 세 界지경 계) **유산**
전 세계적으로 가치 있는 유산

유네스코(UNESCO)
국제연합(교육과학문화)기구

세계 문화유산
전 세계적으로 가치 있는 기록물의 보존과 이용을 위해 선정한 유산

세계 기록(記기록할 기 錄기록 할록) **유산**
전 세계적으로 가치 있는 기록물의 보존과 이용을 위해 선정한 유산

세계 무형 유산
모양은 없으나 전 세계적으로 가치 있고 뛰어난 유산

돌고 도는 금전

돈을 나타내는 말에는 '황금 금(金)' 자가 들어 있는 경우가 많아요. 옛날에는 금이나 은 같은 금속으로 만든 금화, 은화를 돈으로 썼어요. '금(金)'에 '돈 전(錢)' 자가 합쳐진 금전은 돈과 같은 말이에요. 돈은 쓰고 받으면서 계속 돌고 돌지요. 그래서 돈이라고 부른다는 재미난 이야기도 있어요.

돈을 뜻하는 금(金)

사람들은 돈을 벌기 위해 일을 해요.

일을 하고 받는 돈은 임금이에요. 임금을 받으면 나라를 관리하는 데 쓰라고 세금을 내요. 세금은 사람마다 버는 돈에 따라서 적게 내기도 하고, 많이 내기도 해요.

그럼, 쓰고 남은 돈은 어떻게 할까요? 대부분 저금을 하겠지요. 저금은 돈을 모아서 저축하는 거예요. 저금통에 넣어 모으기도 하지만 은행에 맡기는 경우가 많아요.

은행은 돈을 맡아 주거나 빌려주는 기관이니까요.

돈을 넣어 두는 입금도 할 수 있고, 다른 사람에게 돈을 부치는 송금도 할 수 있어요.

金 황금 금	錢 돈 전
돈	

- **금화**(金 貨재화 화)
  금으로 만든 돈
- **은화**(銀은은 貨)
  은으로 만든 돈
- **임금**(賃품삯임 金)
  일을 하고 받는 돈
- **세금**(稅세금 세 金)
  국민에게 거두어들이는 돈
- **저금**(貯쌓을 저 金)
  돈을 모아서 저축하는 것
- **은행**(銀 行흐를 행)
  돈을 맡아 주거나 빌려주는 기관
- **입금**(入들입 金)
  돈을 넣어 두는 것
- **송금**(送보낼 송 金)
  다른 사람에게 돈을 부쳐 보내는 것

은행이나 우체국 같은 곳에 맡기는 돈은 예금이라고 해요. 예금을 하면 은행에서는 돈을 맡긴 대가로 일정한 비율의 돈을 붙여서 돌려주지요. 반대로 은행에서 돈을 빌려 쓸 때는 그 대가로 일정한 비율의 돈을 내요. 이 돈을 이자라고 하지요.

돈을 맡기거나 빌릴 때 이자가 붙지 않은 원래의 돈은 원금이에요. 원금에 붙는 이자는 금리라고 하고요.

돈과 관련된 기관을 나타내는 낱말

은행 같은 곳에서 돈을 빌려주거나 빌려 쓰는 일은 금융이에요. 금융은 '돈을 섞는다'는 뜻이지요. 금융에 관련된 일을 하는 기관은 금융 기관이고요.

갑작스러운 사고나 아플 것에 대비해서 미리 일정한 돈을 내고 후에 받는 제도는 보험이에요. 한자 그대로 풀이하면 험한 일로부터 보호한다는 뜻이지요.

이런 일을 하는 회사는 보험 회사예요.

재산의 가치를 금액으로 적어 놓은 문서는 증권이라고 해요. 이러한 증권은 기업이나 정부에서 만들어요. 그럼 증권과 관련된 일을 하는 회사는? 맞아요. 증권 회사겠지요.

모두 **금융 기관**이야 너무 많아 헷갈리는데?

예금(預맡길 예 金)
금융 기관에 맡긴 돈

이자(利이로울 이 子것 자)
돈을 빌려 쓴 대가로 주는 돈

원금(元본래 원 金)
이자가 붙지 않은 원래의 돈

금리(金 利)
원금에 붙는 이자

금융(金 融통할 융)
은행 같은 곳에서 돈을 빌려주거나 빌려 쓰는 일

금융 기관(金融 機틀 기 關기관 관)
금융에 관련된 일을 하는 기관

보험(保지킬 보 險위험 험)
갑작스러운 사고나 아플 것에 대비해서 미리 돈을 내고 후에 받는 제도

보험 회사(保險 會모일 회 社모일 사)
보험에 관련된 일을 하는 회사

증권(證증서 증 券문서 권)
재산의 가치를 금액으로 적어 놓은 문서

증권 회사(證券 會社)
증권에 관련된 일을 하는 회사

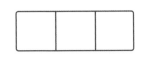
1 [보기]의 낱말과 관련이 있으며, 조상들이 남긴 유산 중에 가치가 높아 보호해야 할 재산을 뜻하는 낱말을 쓰세요.

보기
전 통 문 화   문 화
세 계 유 산   재 산

2 주어진 낱말을 넣어 문장을 완성하세요.

1) 문 화
   문 화 유 산

옷, 음식, 집, 풍습 등 오랜 세월에 걸쳐 쌓아 온 생활의 바탕을 [ ][ ]라고 하고, 이 중 후손에게 물려줄 만한 가치가 있는 것을 [ ][ ][ ][ ]이라고 한다.

2) 대 중 문 화
   전 통 문 화

오랫동안 전해 내려오는 나라 고유의 문화는 [ ][ ][ ][ ], 대중들이 즐기는 문화는 [ ][ ][ ]이다.

3) 유 네 스 코
   세 계 유 산

[ ][ ][ ][ ]은(는) [ ][ ][ ][ ]을(를) 지정하고 보호하는 일을 한다.

3 문장에 어울리는 낱말을 골라 ○표 하세요.

1) 전통 판소리 보유자이신 우리 할아버지는 (인간문화재 / 세계 기록 유산)(으)로 지정받으셨어.

2) 우리 동네에 극장이나 박물관 같은 (문화 시설 / 문화재)이(가) 많았으면 좋겠어.

3) 경복궁은 왕이 살던 궁궐로, 형체가 있으니 (유형 문화재 / 무형 문화재)야.

문화재

문화

문화유산

유형 문화유산

무형 문화유산

인간문화재

전통문화

대중문화

문화 시설

세계 유산

유네스코
(UNESCO)

세계 문화유산

세계 기록 유산

세계 무형 유산

씨낱말 블록 맞추기

금 전

1 [보기]의 낱말과 관련이 있으며, 돈을 뜻하는 낱말을 쓰세요.

보기

금 화	저 금
예 금	금 융

2 주어진 낱말을 넣어 문장을 완성하세요.

1)

	은
금	화

금으로 만든 돈은 ☐☐ ,

은으로 만든 돈은 ☐☐ 이다.

2)

	저
임	금

일을 하고 ☐☐ 을 받아서 필요한 곳에 쓰고 남은 돈은

☐☐ 을 한다.

3)

	입
송	금

다른 사람에게 돈을 부쳐 보내는 것은 ☐☐ ,

돈을 넣어 두는 것은 ☐☐ 이다.

3 문장에 어울리는 낱말을 골라 ○표 하세요.

1) 회사에서 일을 한 댓가로 (세금 / 임금)을 받아.

2) 월급쟁이들은 나라에 내는 (예금 / 세금)이 적으면 적을수록 좋아.

3) 용돈을 아껴 쓰고 남은 돈을 은행에 (저금 / 원금)하면 마음이 뿌듯해.

4 예문에 알맞은 낱말을 빈칸에 쓰세요. [사회]

은행 등의 금융 기관에서 돈을 빌린 사람은 일정 기간 동안 돈을 빌려 쓴 다음 원래의 돈인 ☐☐ 외에 돈을 쓴 것에 대한 대가를 지급하는데, 이를 ☐☐ 라고 한다.

금전
금화
은화
임금
세금
저금
은행
입금
송금
예금
이자
원금
금리
금융
금융 기관
보험
보험 회사
증권
증권 회사

면과 변이 모이면 도형!

면 과 변

면은 1개, 변은 4개네.

너도 마찬가지네.

면과 변은 수학에서 도형을 배울 때 빼놓을 수 없는 말이지요. 면(面)은 사물의 겉을 이루는 평평한 부분을 말해요. 한자의 생김새도 땅 아래에 평평한 네모 모양이 여러 개 모여 있는 것처럼 보이지요? 변(邊)은 도형을 이루는 각 선분(두 점을 곧게 이은 선)을 말하지요. 면과 변에 다른 글자가 붙어 어떤 뜻의 수학 용어가 되는지 살펴볼까요?

면(面)도 여러 가지!

여러분은 '면' 하면 어떤 도형이 떠오르나요?

음, 설마 라~면은 아니겠죠? 도형에는 평면 도형과 입체 도형이 있어요. 평면은 도형의 평평한 겉면을 말해요. 우리가 잘 아는 삼각형, 사각형, 원처럼 평면 위에 그린 도형은 평면 도형이지요. 이와 달리 평평하지 않고 각기둥이나 각뿔처럼 부피가 있는 도형은 입체 도형이에요.

도형의 윗면은 위쪽을 이루는 겉면이고, 반대로 밑면은 맨 아랫바닥이나 밑을 이루는 겉면이에요.

옆면은 위아래가 아닌 왼쪽이나 오른쪽의 면을 말하고, 단면은

面 | 면 면

사물의 겉을 이루는 평평한 부분

- **평면**(平평평할 평 面)
  도형의 평평한 겉면
- **평면 도형**(平面 圖그림 도 形 모양 형)
  평면에 그린 도형
- **입체 도형**(立설 입 體몸 체 圖 形)
  부피가 있는 도형
- **윗면**(面)
  도형의 위쪽을 이루는 겉면
- **밑면**(面)
  도형의 맨 아래 바닥이나 밑을 이루는 겉면
- **옆면**(面)
  왼쪽이나 오른쪽의 면
- **단면**(斷끊을 단 面)
  물체의 잘라낸 평평한 면
- **곡면**(曲굽을 곡 面)
  곡선으로 굽어진 면

입체도형을 자르거나 베어냈을 때 평평한 면을 말하지요.
공이나 병처럼 매끈하게 굽은 면도 있어요. 이렇게 굽어진 면은
곡면이라고 해요.
여기서 퀴즈! 내 얼굴은 어떤 면일까요? 정답은 곡면이지요.

변(邊)도 여러 가지!

도형의 면을 알면 변은 더 쉽게 알 수 있어요.
사다리꼴 도형에서 위에 있는 변은 윗변이고,
아래에 있는 변은 아랫변이에요.
빗변은 비스듬히 기울어진 변으로 보통 직각 삼각형에서 기울어
진 변을 말해요.
$2+x=3$과 같은 등식에도 변이
숨어 있어요.
$2+x$는 왼쪽에 있어서 좌변,
3은 오른쪽에 있어서 우변이에요.
등호(=)를 중심으로 좌우 양쪽
의 $2+x$와 3은 양변이지요.
참고로 입체도형에서는 변이라
고 하지 않고 모서리라고 한대요. 기억해 두자고요.
그러고 보니, 수학 교과서에 나오는 말도 한자어의 뜻을 풀이하
니 훨씬 쉬워졌지요?

이건 윗변!

이건 기울어져 있는 빗변!

이건 아랫변!

邊	**가장자리 변**
	도형을 이루는 각 선분

- **윗변(邊)**
  사다리꼴에서 위의 변
- **아랫변(邊)**
  사다리꼴에서 아래의 변
- **빗변(邊)**
  비스듬히 기울어진 변
- **좌변(左**원쪽좌 **邊)**
  등식이나 부등식에서, 등호 또는
  부등호의 왼쪽에 적은 수나 식
- **우변(右**오른쪽우 **邊)**
  등식이나 부등식에서, 등호 또
  는 부등호의 오른쪽에 적은 수
  나 식
- **양변(兩**두양 **邊)**
  등호나 부등호의 양쪽을 아울
  러 이르는 말

'장미 3송이, 사과 3개'를 읽어 보세요. '셋'은 사물의 양이나 크기를 나타내는 수예요. '3'은 수를 나타낸 기호인 숫자지요. 이제, 수와 숫자가 똑같다고 생각하지 않겠죠?

숫자와 수의 종류

전 세계 사람들이 공통적으로 사용하는 숫자 0, 1, 2, 3, 4, 5, 6, 7, 8, 9는 인도에서 만들어졌어요. 원래 인도 사람이 만들었지만, 인도와 유럽을 오가던 아라비아 상인이 유럽에 전파했기 때문에 인도-아라비아 숫자라고 불리게 되었지요.

數 숫자 수	字 글자 자
수를 나타낸 기호	

■ 수(數)
사물을 세거나 헤아린 양, 크기나 순서

■ 인도-아라비아 숫자
인도 사람이 만들고 아라비아 상인이 전파한 숫자

■ 로마 숫자
로마에서 만들어진 숫자

■ 이집트 숫자
이집트에서 만들어진 숫자

■ 중국 숫자
중국에서 만들어진 숫자

■ 기수(基 토대 기 數)
개수나 양을 나타내는 수

■ 서수(序 순서 수 數)
순서를 나타내는 수

인도-아라비아 숫자가 널리 퍼지기 전에는 나라마다 고유의 숫자를 사용했어요.

로마 숫자

이집트 숫자

중국 숫자

로마 숫자, 이집트 숫자, 중국 숫자 등이 있었지요.

그러고 보니 수가 발달한 곳은 모두 세계 문명의 발상지와 연관되어 있네요.

수는 양과 순서도 나타내요. '사과 3개'처럼 양을 나타내는 수는 기수라고 하고, '우리 반은 3반'처럼 순서를 나타내는 수는 서수라고 하지요.

수를 나타내는 방법

수를 나타내는 방법도 여러가지에요.

몇 개의 숫자를 사용해서 수를 나타내는 방법을 기수법이라고 하지요.

인도-아라비아 숫자는 자릿값이 올라감에 따라서 일정하게 커지는 진법으로 수를 표시해요. 진법은 숫자를 몇 개 사용하느냐에 따라 나뉘는데, 0~9를 사용한 십진법, 0~1을 사용한 이진법, 0~4를 사용한 오진법, 0~11을 사용한 십이진법이 있답니다.

기수법(記기록할기 數수 法법)
몇 개의 숫자를 사용해서 수를 나타내는 방법

진법(進오를진 法)
자릿값이 올라감에 따라 수가 일정하게 커지는 기수법 중 하나

십(10)진법(進法)
0~9를 사용하여 수를 나타내는 기수법

이(2)진법(進法)
0과 1을 사용하여 수를 나타내는 기수법

오(5)진법(進法)
0~4를 사용하여 수를 나타내는 기수법

십이(12)진법(進法)
0~11을 사용하여 수를 나타내는 기수법

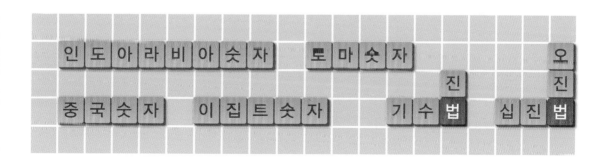

씨낱말 블록 맞추기

면 과 변

① 공통으로 들어갈 낱말을 쓰세요.

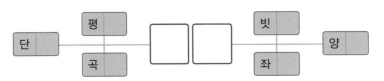

단 │ 평 │ 곡 │ □□ │ 빗 │ 좌 │ 양

② 주어진 낱말을 넣어 문장을 완성하세요.

1) | 밑 |
   | 윗 | 면 |

이 입체 도형은 □□보다 □□의 면적이 더 넓어서 안정적이지 않아.

2) | 곡 |
   | 단 | 면 |

물체의 잘라낸 평평한 면은 □□ , 곡선으로 굽어진 면은 □□이다.

3) | 우 |
   | 좌 | 변 |

5-3=2에서 5-3은 □□ , 2는 □□이다.

③ 문장에 어울리는 낱말을 골라 ○표 하세요.

1) 다각형을 이루는 각 선분은 (면 / 변)이야.

2) 삼각형이나 원은 (평면 도형 / 입체 도형)이야.

④ 예문에 알맞은 낱말을 빈칸에 쓰세요. [수학]

사다리꼴에서 평행인 두 변 중 위쪽에 있는 변은 □□ , 아래에 있는 변은 □□□이다. 똑같은 사다리꼴이라도 놓인 위치에 따라 □□과 □□□이 바뀔 수 있다.

| 면 |
| 평면 |
| 평면 도형 |
| 입체 도형 |
| 윗면 |
| 밑면 |
| 옆면 |
| 단면 |
| 곡면 |
| 변 |
| 윗변 |
| 아랫변 |
| 빗변 |
| 좌변 |
| 우변 |
| 양변 |

씨낱말 블록 맞추기

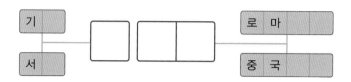

수 와 숫 자

1 공통으로 들어갈 낱말을 쓰세요.

| 기 | | | 로 마 |
| 서 | | | 중 국 |

2 주어진 낱말을 넣어 문장을 완성하세요.

1) 서 / 기 수

개수나 양을 나타내는 수는 ☐☐,
순서를 나타내는 수는 ☐☐이다.

2) 십 / 진 / 이 진 법

숫자 2개를 사용하는 기수법은 ☐☐☐,
숫자 10개를 사용하는 기수법은 ☐☐☐이다.

3 문장에 어울리는 낱말을 골라 ○표 하세요.

1) 사물의 양이나 크기를 나타내는 것은 (수 / 숫자)야.

2) 몇 개의 숫자를 사용해서 수를 나타내는 방법은 (진법 / 기수법)이야.

3) 0부터 11까지의 숫자를 사용하는 기수법은 (12진법 / 11진법)이야.

4 예문에 알맞은 낱말을 빈칸에 쓰세요. [수학]

수는 사용하는 방법에 따라 3가지 의미로 나눌 수 있다.
첫째는 사물의 개수를 세서나 헤아린 양의 수인 ☐☐, 둘째는
2층, 3층과 같이 순서를 나타내는 ☐☐, 셋째는 축구 선수의 등
번호나 집의 번지수 등과 같은 기호로써의 의미다.

| 수 |
| 숫자 |
| 인도-아라비아 숫자 |
| 로마 숫자 |
| 이집트 숫자 |
| 중국 숫자 |
| 기수 |
| 서수 |
| 기수법 |
| 진법 |
| 십(10)진법 |
| 이(2)진법 |
| 오(5)진법 |
| 십이(12)진법 |

생각과 느낌을 감상문으로 써 봐

이 영화 너무 감동적이야. **감상문**을 써야겠어.

어때! 내 주먹맛 감동적이지?

콰직

가장 흔히 쓸 수 있는 글은 일상생활에서 보고, 듣고, 느낀 것들을 쓴 글이에요. 이렇게 마음에 떠오르는 생각이나 느낌을 감상이라고 하는데, 여기에 글을 뜻하는 '문(文)'을 붙여서 감상문이라고 해요. 이렇게 '문(文)' 자가 들어가면 글의 갈래를 알 수 있어요. 어떤 종류의 글들이 있는지 살펴볼까요?

보고, 듣고, 느낀 대로 쓰는 글

운율이 있는 글도 있어요. 바로 시가 그렇죠.
이런 글은 운문이라고 해요. 반대로 길고 자유롭게 흩트려 쓴 글은 산문이지요. 산문에는 어떤 글들이 있을까요?
설명문은 어떤 정보나 방법을 알려 주기 위해 자료를 찾아서 자세히 설명한 글이에요. 예를 들면 식물이나 동물을 키우는 방법 등이 되겠네요.
기행문은 여행하면서 보고 듣고 느낀 것을 쓴 글이에요.
생활문은 우리가 자주 쓰는 글 가운데 하나인 일기처럼 생활하면서 겪은 일을 쓴 글이에요.
독서를 하고 난 후에 느낌이나 생각을 쓴 글은 독서 감상문이고

感 느낄 감	想 생각 상	文 글 문
감상을 쓴 글		

- **감상(感想)**
마음에 떠오르는 생각이나 느낌
- **운문(韻**음운운 **文)**
운율이 있는 글
- **산문(散**흩을산 **文)**
길고 자유롭게 흩트려 쓴 글
- **설명문(說**말씀설 **明**밝힐명 **文)**
설명하는 글
- **기행문(紀**적을기 **行**다닐행 **文)**
여행하면서 쓴 글
- **생활문(生**살생 **活**살활 **文)**
생활하면서 겪은 일을 쓴 글
- **독서(讀**읽을독 **書**책서**) 감상문**
독서하고 감상을 쓴 글
- **영화(映**비출영 **畵**그림화**) 감상문**
영화를 본 감상을 쓴 글

요. 독후감이라고도 하지요.

책만 읽나요? 영화도 보죠. 영화를 보고 난 뒤의 감상을 쓴 글은 영화 감상문 또는 영화 기록문이에요. 사회에서 일어나는 일을 보고 생각이나 느낌을 쓴 글은 시사 감상문이에요.

관찰 기록문은 키우는 식물이나 동물 또는 사물을 자세히 관찰하고 쓴 글이에요. 《파브르 곤충기》 같은 책이 대표적인 관찰 기록문이라고 할 수 있지요.

잊지 않고 기록을 잘해 놓아야 **관찰 기록문**을 잘 쓸 수 있지.

엄마야! 바퀴벌레.

목적을 분명하게 드러내어 쓰는 글

자신의 수상을 전달하거나, 뉴스처럼 새로운 소식을 전하거나, 제품이나 행사를 홍보하는 등 목적이 뚜렷한 글도 있어요.
사실을 보고 들은 그대로 육하원칙에 따라 쓴 기사문,
자신의 주장과 생각을 논리 있게 쓴 논설문,
물건이나 행사를 널리 알리기 위해 쓴 광고문도 있지요.
훌륭한 위인이 살아온 이야기를 쓴 전기문,
다른 사람의 글이나 말을 따 와서 쓴 인용문,
사물을 있는 그대로 그림 그리듯 묘사하여 쓴 사생문,
어떤 일이나 결과를 보고하려고 쓴 보고문도 있어요.
어떤 글이든 자주 읽고, 자주 써 보면 글쓰기 실력이 늘겠죠!

영화 기록문(映畵 記기록할 기 錄기록할록 文)
영화를 보고 쓴 글

시사(時때 시 事일 사) **감상문**
사회에서 일어나는 일을 보고 생각을 쓴 글

관찰(觀볼 관 察살필 찰) **기록문**
사물을 자세히 관찰하고 쓴 글

육하원칙(六여섯 육 何어찌 하 原근원 원 則법칙 칙)
여섯 가지 기본 원칙

기사문(記 事 文)
사실을 보고 들은 그대로 쓴 글

논설문(論논할논 說文)
자신의 주장을 논리 있게 쓴 글

광고문(廣넓을광 告알릴고 文)
널리 알리기 위해 쓴 글

선기문(傳선일 신 記文)
위인이 살아온 이야기를 쓴 글

인용문(引끌 인 用쓸용 文)
다른 사람의 글이나 말을 따 와서 쓴 글

사생문(寫베낄 사 生文)
그림 그리듯 묘사하여 쓴 글

보고문(報알릴보 告알릴고 文)
일이나 결과를 보고하는 글

음악 좋아해? 그럼 음악가가 되어 봐

뭐야… 왜 저래요?

저래 봬도 다들 **음악가**랍니다.

'지휘자 ○○○와(과) 국내 최정상 연주자들의 오케스트라 공연.' 이런 공연 포스터 문구를 본 적이 있나요? 지휘자는 합창이나 합주를 할 때 앞에서 지시하고 이끄는 사람이고, 연주자는 악기를 연주하여 음악을 들려주는 사람이에요. 모두 음악과 관련된 일을 하는 음악가들이군요! 음악가의 '가(家)'는 전문가를 뜻해서 어떤 일을 전문으로 하는 사람을 나타낼 때 쓰여요. 그럼 음악을 전문으로 하는 사람들을 알아볼까요?

音	樂	家
소리 음	음악 악	전문가 가

음악과 관련된 일을
직업으로 하는 사람

- **지휘자**(指손가락 지 揮휘두를 지 者사람 자)
한창이나 합주를 할 때 앞에서 지시하고 이끄는 사람

- **연주자**
(演공연할 연 奏연주할 주 者)
악기를 연주하는 사람

- **피아니스트**(pianist)
피아노를 직업적으로 연주하는 사람

- **플루티스트**(flutist)
플루트를 직업적으로 연주하는 사람

- **바이올리니스트**(violinist)
바이올린을 직업적으로 연주하는 사람

악기를 연주하는 음악가

피아노, 바이올린, 첼로, 플루트… . 이 악기들을 연주하는 직업을 가진 사람을 어떻게 부를까요? 보통 악기 이름을 그대로 써서 피아노 연주자, 바

난 **피아니스트**
(piano + ist)

난 **바이올리니스트**
(violin + ist)

이올린 연주자라고도 하고, 악기 이름 뒤에 영어로 '~하는 사람'을 나타내는 '-ist'를 붙여서 부르기도 해요.

피아노 연주자는 피아니스트(pianist), 플루트 연주자는 플루티스트(flutist), 바이올린 연주자는 바이올리니스트(violinist), 첼로 연주자는 첼리스트(cellist)라고 불러요.

노래를 만들고 부르는 음악가

노래를 만들고 부르는 음악가들도 있어요.
음악의 곡을 짓는 사람은 작곡가,
곡의 노랫말을 짓는 사람은 작사가지요.

오솔레미오~ 난 **성악가**

악상이 떠오른다. 난 **작곡가**

노래 부르는 일이 직업인 사람은 성악가나 가수예요.
성악가는 주로 가곡과 클래식을 노래하는 사람이에요.
가수는 요즘 대중들이 좋아하는 노래를 부르는 사람이고요.
노래와 무용, 연극이 조화를 이룬 현대적 음악극인 뮤지컬을 전문으로 하는 사람은 뮤지컬 배우라고 하죠.
음악을 즐길 수 있게 도와주는 음악가들도 있어요.
학교에서 음악을 가르치는 음악 교사, 드라마, 영화, 뮤지컬 등에서 나오는 음악을 이끌고 지휘하는 사람은 음악 감독이지요.
음악에 대한 감상과 느낌을 글로 쓰는 음악 평론가, 음악을 통해 환자의 몸과 마음을 치료하는 음악 치료사도 있어요.

첼리스트(cellist)
첼로를 직업적으로 연주하는 사람

작곡가(作지을작 曲노래곡 家)
음악의 곡을 짓는 사람

작사가(作 詞글사 家)
곡의 노랫말을 짓는 사람

성악가(聲소리성 樂家)
가곡, 클래식을 노래하는 사람

가수(歌노래가 手사람수)
노래 부르는 것이 직업인 사람

뮤지컬 배우(musical 俳배우배 優연기자우)
뮤지컬에서 연기하는 배우

음악 교사(音樂 敎가르칠교 師스승사)
음악을 가르치는 사람

음악 감독(音樂 監볼감 督감독할독)
드라마, 영화, 뮤지컬 음악을 이끌고 지휘하는 사람

음악 평론가(音樂 評평할평 論논할논 家)
음악 감상평을 쓰는 사람

음악 치료사(音樂 治다스릴치 療병고칠료 師)
음악을 통해 치료하는 사람

감 상 문

1 공통으로 들어갈 낱말을 쓰세요.

생 활
설 명   [감 상 ▢]   기 행   기 사
논 설   광 고

감상문
감상
운문
산문
설명문
기행문
생활문
독서 감상문
영화 감상문
영화 기록문
시사 감상문
관찰 기록문
육하원칙
기사문
논설문
광고문
전기문
인용문
사생문
보고문

2 주어진 낱말을 넣어 문장을 완성하세요.

1)
운
산 문
시는 ▢▢, 소설은 ▢▢이야.

2)
기
사
광 고 문
신문에서 사실을 그대로 전달하는 ▢▢▢과
제품이나 행사를 광고하는 ▢▢▢을 볼 수 있어.

3 문장에 어울리는 낱말을 골라 ○표 하세요.

1) 개미의 움직임을 관찰해서 기록한 글은 (기행문 / 관찰 기록문)이야.

2) 이순신 장군의 생애를 쓴 (전기문 / 광고문)을 읽고 감동받았어.

3) 일기는 생활하면서 겪은 일을 쓴 (생활문 / 논설문) 중의 하나야.

4 예문에 알맞은 낱말을 빈칸에 쓰세요. [국어]

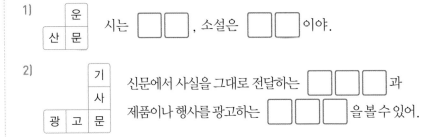

우리가 생활하면서 보고, 듣고, 느낀 것들을 바탕으로 자기가 느끼고
생각하는 것을 적은 글을 감상문이라고 한나. 감상문에는 책을 읽고 마
음에 일어나는 생각을 쓴 ▢▢ ▢▢▢, 세상에서 일어
나는 일에 대한 생각을 쓴 ▢▢ ▢▢▢ 등이 있다.

1 [보기]의 낱말과 관련이 있으며, 음악에 관련된 일을 직업으로 하는 사람을 뜻하는 낱말을 쓰세요.

보기

지	휘	자
연	주	자
작	곡	가
성	악	가

2 주어진 낱말을 넣어 문장을 완성하세요.

1)
	지
	휘
연	주	자

오케스트라의 □□□들은 □□□의 지휘에 맞추어 훌륭한 연주를 해냈다.

2)
	작
	사
작	곡	가

이 곡을 만든 □□□는 유명한 □□□에게 곡의 노랫말을 부탁했다.

3)
| 성 | 악 | 가 |
| | | 수 |

이 □□는 성악을 배운 □□□ 출신이라 소리의 울림이 남다르다.

3 문장에 어울리는 낱말을 골라 ○표 하세요.

1) 유민이는 (음악 교사 / 음악 평론가)가 되어 아이들에게 음악을 가르치는 것이 꿈이야.

2) 영화 분위기를 좌우하는 데는 (음악 치료사 / 음악 감독)의 역할이 한몫해.

3) 한 손으로 피아노를 치는 (플루티스트 / 피아니스트)를 보고 감동받았어.

음악가

지휘자

연주자

피아니스트

플루티스트

바이올리니스트

첼리스트

작곡가

작사가

성악가

가수

뮤지컬 배우

음악 교사

음악 감독

음악 평론가

음악 치료사

			4)			4)	5)		
						6)		7)	
1)		2)							
							9)		11)
		3)				8)		10)	
12)									
13)			14)				18)		
					16)	17)			
		15)							

정답 | 143쪽

🔑 가로 열쇠

1) 어떤 분야에서 으뜸가는 사람
3) 조상들이 남긴 유산 중 역사적 가치가 높아 보호해야 할 재산
4) 수를 나타낸 기호. 1, 2, 3, 4, 5, …
6) 성악을 전문으로 하는 사람
8) 평면에 그린 도형
13) 부채 형상으로 만들어진 시형
15) 돈을 빌려 쓴 대가로 주는 일정한 돈
16) 본받을 만한 좋은 것.
　　"유민이의 선행은 다른 친구들에게 ○○○가 되고 있어."
18) 철을 끌어당기는 성질이 있는 물체. 원형 ○○, 막대○○

🔑 세로 열쇠

2) 다른 사람의 글이나 말을 따 와서 쓴 글
4) 겉보기와 달리 실속이 있는 부자
5) 자기를 띤 물체가 나타내는 성질
7) 노래 부르는 것이 직업인 사람
9) 곡선으로 굽어진 면
10) 길을 가는 동안, 일이 이루어지는 동안
11) 중간쯤 되는 크기
12) 한가운데를 지나가는 선
14) 합창단이나 악단을 지휘하는 사람
17) 갑작스런 사고나 아플 것에 대비해서 미리 일정한
　　돈을 내고 후에 받는 제도. 암○○, 자동차○○
18) 자석이 쇠붙이를 끌어당기는 기운

1 둘의 관계가 <u>다른</u> 하나는? (   )

① 上 – 下   ② 樹 – 木   ③ 昇 – 降

④ 前 – 後   ⑤ 左 – 右

2 밑줄 친 부분을 가장 적절한 한자어로 대체한 것은? (   )

① <u>지나치게 많이 먹는</u> 건 건강에 해롭다. → 過食(과식)

② 철수가 선생님께 <u>궁금한 것을 묻고</u> 있다. → 訪問(방문)

③ 종이컵을 <u>다시 살려서 쓰는</u> 습관을 들이자. → 乘用(승용)

④ 무엇이든 <u>배우고 익혀</u> 내 것으로 만들어야 한다. → 學窓(학창)

⑤ <u>상점이 늘어선 거리</u>엔 화려한 불빛만 빛나고 있었다. → 進路(진로)

3 밑줄 친 단어의 뜻이 바르지 <u>않은</u> 것은? (   )

① 자세를 <u>바르게</u> 해야 정신이 맑다. → 비뚤어지지 않게 제대로

② 외국에서 공부하려면 <u>학비</u>가 많이 든다. → 공부하는 데 드는 돈

③ 서로의 <u>참모습</u>을 보면서 대화를 했다. → 꾸미지 않은 본래의 모습

④ 축구 <u>전용</u> 구장에서 육상 경기가 열리고 있다. → 여럿이 함께 쓰다

⑤ 스승과 제자는 상호 간의 <u>문답</u>을 통해 함께 배운다. → 묻고 답하다

4 필호 인의 한지기 바르지 <u>않은</u> 것은? (   )

① 수(樹)액   ② 승(昇)진   ③ 여로(路)

④ 전(前)진   ⑤ 간(加)나나

5 밑줄 친 단어에 대한 설명으로 적절하지 <u>않은</u> 것은? (　　)

① <u>농작물</u>은 작물로 바꿔 써도 뜻이 통해요.

② 대장<u>장이</u>에서 '−장이'는 어떤 기술을 가진 사람을 말해요.

③ 왼쪽에서 오른쪽으로 심어져 있는 나무를 <u>가로수</u>라고 해요.

④ '고무줄을 <u>늘인다</u>'는 말은 고무줄의 길이를 늘어나게 한다는 뜻이죠.

⑤ '<u>망하다</u>'는 말은 한자어 '망(亡)'에 동사 '하다'가 합쳐져 만들어진 말이죠.

6 〈보기〉는 동음이의어와 관련한 설명이다. 빈칸에 알맞은 말을 바르게 쓴 것은?(　　)

─〈보기〉─

다른 글지인데 읽으면 소리가 같은 낱말이 있습니다. '바치다'는 윗사람에게 어떤 것을 정중하게 드리는 것입니다. "농부는 임금에게 큰 무를 바쳤습니다."처럼 쓰입니다. 반면 (가) '(　　　　)'는 어떤 감정이 거세게 일어날 때나 물건의 밑이나 옆에 다른 물건을 댈 때 쓰이죠.

또, 머리나 뿔 같은 것에 세게 부딪히는 경우에도 쓰입니다. 예를 들면, "철수는 소에게 (나) (　　　　) 꼼짝 없이 이 주 동안 병원 신세를 져야 했다."라고 씁니다. 모두 [바치다]로 소리 나지만 그 뜻은 모두 다릅니다.

① (가) – 받히다　(나) – 바쳐　　② (가) – 받히다　(나) – 받혀

③ (가) – 받치다　(나) – 받혀　　④ (가) – 받치다　(나) – 바쳐

⑤ (가) – 바치다　(나) – 바쳐

7 문맥에 맞는 어휘를 잘못 선택한 것은? (   ) `수학능력시험형`

① 양치기 소년은 (거짓말쟁이/거짓말장이)다.

② 철수는 나만 따라 하는 (흉내쟁이/흉내장이)야.

③ 우리 동네 (옹기장이/옹기쟁이)가 전국 최고다.

④ 철수는 (양복장이/양복쟁이) 마냥 옷감을 잘랐다.

⑤ 코 앞에서 (부엌데기/부엌뱅이)라는 소리를 들으면 화나는 게 당연하지.

8 〈보기〉의 밑줄 친 (가) ~ (다)에 들어갈 단어로 옳은 것은? (   ) `수학능력시험형`

┌〈보기〉────────────────────────
│ 군시비는 (가)(____)로, 목욕실은 (나)(____)로, 국산품은 (다)(____)으로
│ 뜻이 통하게 줄일 수 있습니다.
└─────────────────────────────

① (가) – 군사 (나) – 목실 (다) – 산품   ② (가) – 군비 (나) – 욕실 (다) – 국산

③ (가) – 군사 (나) – 욕실 (다) – 산품   ④ (가) – 군비 (나) – 목실 (다) – 국산

⑤ (가) – 군사 (나) – 목실 (다) – 산품

9 한자와 그 뜻이 바르지 않게 짝 지어진 것은? (   ) `한자능력시험형`

① 問 – 묻다   ② 食 – 먹다   ③ 用 – 쓰다

④ 街 – 자동차   ⑤ 學 – 배우다

10 다음 〈보기〉의 문장 중 한자로 고친 것이 틀린 것은? (   ) `한자능력시험형`

┌〈보기〉────────────────────────
│ 우리가 자주 쓰는 (가)화나다는 한자와 우리말 동사가 합쳐진 낱말이지요.
│ 이 외에도 (나)망하다, (다)혼나다, (라)광내다, (마)공치다 등이 있습니다.
└─────────────────────────────

① (가) 火   ② (나) 亡   ③ (다) 婚   ④ (라) 光   ⑤ (미) 空

⑪ 밑줄 친 부분을 적절한 단어로 대체하지 <u>않은</u> 것은? (   )

① 영수는 반찬 없이 먹는 밥에 목이 멨다. → 맨밥

② 쓸데없이 덧붙여 말을 하니까 욕을 먹지. → 덧말

③ 저기 산의 <u>허리쯤</u> 되는 곳에서 쉬었다 가자꾸나. → 中(중)턱

④ <u>한 방향으로 가는 사람들</u>의 숫자가 불어나고 있었다. → 一行(일행)

⑤ <u>처음부터 가지고 있던 마음</u>은 너와 친해지고 싶은 거였어. → 本心(본심)

⑫ 밑줄 친 단어의 뜻이 바르지 <u>않은</u> 것은? (   )

① <u>수중</u>에 한 푼도 없네. → 손안

② 여름을 <u>민소매</u>로 났어. → 소매 없는 옷

③ 남북<u>통일</u>은 민족의 과제야. → 하나로 합치다

④ 자, 이제 <u>본론</u>으로 들어가 볼까. → 중심이 되는 이야기

⑤ <u>군불</u>을 때니 방이 뜨끈하다. → 음식을 끓이면서 함께 온돌도 데우는 불

⑬ 〈보기〉는 도형과 관련한 설명이다. 빈칸에 알맞은 한자를 바르게 쓴 것은? (   )

〈보기〉
수학을 배울 때 빼놓을 수 없는 낱말들이다. (가)(   )은(는) 사물의 겉을 이루는 평평한 부분을 말하며, (나)(   )은(는) 도형을 이루는 각 선분, 즉 두 점을 곧게 이은 선을 말한다.

① (가) – 平 (나) – 線   ② (가) – 線 (나) – 線

③ (가) – 邊 (나) – 面   ④ (가) – 面 (나) – 邊

⑤ (가) – 平 (나) – 邊

⑭ 밑줄 친 단어에 대한 설명으로 적절하지 <u>않은</u> 것은? (　　)

① <u>서수</u>란 순서를 나타내는 수를 말해.

② <u>원금</u>은 이자가 붙지 않은 원래의 돈이야.

③ 여러 사람이 좋아하는 색을 <u>조흔색</u>이라고 해.

④ 물체를 잘라낸 평평한 면을 <u>단면</u>이라고 불러.

⑤ 마음에 떠오르는 생각이나 느낌을 <u>감상</u>이라고 하지.

⑮ 문맥에 맞는 어휘를 <u>잘못</u> 선택한 것은? (　　)

① 저기 부채꼴 모양의 땅을 (<u>선상지</u> / 삼각주)라고 해.

② <u>나라</u>를 관리하라고 낸 (<u>세금</u> / 저금)을 자기 주머니에 넣다니.

③ 남사당패 같은 (<u>무형 문화유산</u> / 유형 문화<u>유산</u>)을 제대로 보존해야겠지.

④ 각뿔처럼 부피가 있는 도형을 (입체 도형 / 평면 도형)이라고 불러.

⑤ (자성 / 자화)을(를) 띤 물체는 자기가 있기 때문에 쇠붙이를 끌어당겨.

⑯ 〈보기〉의 밑줄 친 (가) ~ (다)에 들어갈 단어로 옳은 것은? (　　)

〈보기〉

시와 같이 운율이 있는 글을 운문이라고 한다. 반면 길고 자유롭게 흩트려 쓴 글은 (가)(　　　　)이라고 한다. 여기에는 어떤 정보나 방법을 누군가에게 알려 주기 위해 자료를 찾아서 자세히 써 놓은 글인 (나)(　　　　)과 여행을 하면서 보고 듣고 느낀 것을 쓴 (다)(　　　　)이 포함된다.

① (가) – 감상문　　(나) – 기행문　　(다) – 기록문

② (가) – 산문　　(나) – 기행문　　(다) – 생활문

③ (가) – 설명문　　(나) – 기행문　　(다) – 산문

④ (가) – 기행문　　(나) – 산문　　(다) – 설명문

⑤ (가) – 산문　　(나) – 실명문　　(다) – 기행문

톡톡 문해력 대화문 다음 대화문을 읽고, 문제를 풀어 보세요.

엄　마: 아울아, 이번 여름 방학에는 경주로 여행 가자.

아울이: 경주에 가서 무엇을 할 거예요?

엄　마: 세계 문화유산인 불국사와 석굴암을 보러 갈 거야.

아울이: 세계 문화유산이요?

엄　마: 세계 문화유산은 유네스코가 인류를 위해 보호해야 할 가치가 있다고 <u>지정한</u> 문화재야.

아울이: 경주에 굉장한 문화재가 있네요. 빨리 보고 싶어요.

---

1 아울이는 여름 방학에 어디로 여행 가기로 했는지 빈칸에 쓰세요.

☐☐

2 이 글의 중심 문장을 완성하세요.

엄마와 아울이는 여름 방학에 ☐☐ ☐☐☐☐인 불국사와 ☐☐☐을 보러 ☐☐로 여행 가기로 했다.

3 밑줄 친 낱말의 뜻으로 올바른 것은? (　　)

① 옳다고 믿은　　　② 없애겠다고 선언한　　　③ 반대하고 나선　　　④ 특정한 자격을 준

4 이 글을 통해 알 수 없는 것은? (　　)

① 불국사는 세계 문화유산이다.

② 불국사와 석굴암은 경주에 있다.

③ 세계 문화유산은 경주에만 있다.

④ 세계 문화유산은 유네스코가 지정한다.

톡톡 문해력 기록문 **다음 관찰 기록문을 읽고, 문제를 풀어 보세요.**

관찰 날짜	20○○년 ○월 ○일		관찰 장소	텃밭
관찰 대상	방울토마토			
관찰 내용		**키**: 약 1미터 **가지**: 흰털이 많다. **잎**: 잎자루의 양쪽에 작은 잎이 새의 깃 모양처럼 붙어 있다. 　가장자리는 톱니 모양이다. **꽃**: 노란색이다. **열매**: 빨간색으로 동그랗다. 열매의 지름은 5~9cm 정도다.		
특징	텃밭에서도 재배하지만 주로 비닐하우스에서 <u>재배하는</u> 작물이다.			

1 이 글은 무엇을 관찰하고 쓴 글인지 빈칸에 쓰세요.

☐ ☐ ☐ ☐ ☐

2 글쓴이가 이 글을 왜 썼는지 빈칸에 알맞은 낱말을 쓰세요.

☐ ☐ ☐ ☐ ☐ 를 ☐ ☐ 하고 그 결과를 기록하기 위해서

3 밑줄 친 낱말과 바꿔 쓸 수 있는 것은? ( )

① 키우는　　　② 심는　　　③ 뿌리는　　　④ 버리는

4 이 글의 내용과 다른 것은? ( )

① 글쓴이는 텃밭에 있는 방울토마토를 관찰했다.

② 방울토마토의 키는 약 1미터다.

③ 방울토마토 잎의 가장자리는 물결 모양이다.

④ 열매의 지름은 5~9cm 정도다.

정 답

어휘 퍼즐 |72쪽

			⁷입			⁵상	승	
	²과	학	⁴가	로		수		
¹¹음	식		판			도		
			대				⁸직	후
			⁴전	반	전		
					문		
⁹참	살	¹⁰이					
		¹³용	¹²어			¹⁴강	
		¹⁵학	생		¹⁵우	회	¹⁶전
						량		학

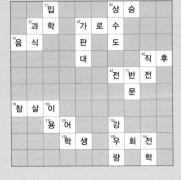

2장 씨글자

本 원래 본 |78~79쪽
1. 本
2. 1) 본론 2) 본뜨다 3) 본인 4) 본받다 5) 본고장
3. 1) 본명 2) 본심 3) 본보기 4) 본인 5) 본론
4. 1) 본명 2) 본고장 3) 본론
5. 본론
6. 1) ② 2) ①

中 가운데 중 |84~85쪽
1. 中
2. 1) 중간 2) 중형 3) 중단 4) 산중 5) 수중
3. 1) 중간 2) 중심 3) 공중 4) 중앙선 5) 난중
4. 1) 중간 2) 중부 3) 중학교 4) 도중 5) 중급
5. 중
6. 수중

一 한 일 |90~91쪽
1. 一
2. 1) 일석이조 2) 일정 3) 일방통행 4) 일품 5) 일급
3. 1) 일주 2) 유일 3) 일인이역 4) 일인자 5) 일대기
4. 1) 일각수 2) 통일 3) 일회 4) 제일 5) 일생
5. 1) 일렬 2) 일인용 3) 일주
6. 일생

맨 |96~97쪽
1. 맨
2. 1) 맨눈 2) 민둥산 3) 민물 4) 알거지 5) 알곡
3. 1) 맨밥 2) 민소매 3) 알밤 4) 맨눈 5) 맨바닥
4. 1) 맨손 2) 알곡 3) 민무늬 4) 민물 5) 알거지
5. 1) 맨발 2) 맨주먹
6. 1) 맨발 2) 맨땅

덧 |102~103쪽
1. 덧
2. 1) 군불 2) 덧버선 3) 군식구 4) 군침 5) 덧니
3. 1) 덧소매 2) 덧 3) 군침 4) 덧옷 5) 덧칠
4. 1) 덧신으셨어 2) 덧니 3) 덧신 4) 군것질 5) 덧나다
5. 1) 덧정 2) 군불
6. 군것질

되 |108~109쪽
1. 되
2. 1) 되새기다 2) 되묻다 3) 복습 4) 광복절 5) 반복
3. 1) 되새김질 2) 회복 3) 반복 4) 반성
4. 1) 되씹었어 2) 되풀이 3) 되찾은 4) 회복 5) 되돌아
5. 1) 되풀이 2) 반성
6. ④

씨낱말

조흔색 |114쪽
1. 1) 조흔색 2) 삼각주
2. 1) 우각호, 주상절리 2) 선상지, 삼각주 3) 유선형, 유수대
3. 조흔색, 조흔색, 조흔색

자석 |115쪽
1. 자석
2. 1) 자기, 자성 2) 자기력, 자기장 3) 자기력선, 자화
3. 1) 막대자석 2) 전자석 3) 자기력선

문화재 |120쪽
1. 문화재
2. 1) 문화, 문화유산 2) 전통문화, 대중문화 3) 유네스코, 세계유산
3. 1) 인간문화재 2) 문화 시설 3) 유형 문화재

금전 |121쪽
1. 금전
2. 1) 금화, 은화 2) 임금, 저금 3) 송금, 입금
3. 1) 임금 2) 세금 3) 저금
4. 원금, 이자

면과 변 |126쪽
1. 면, 변
2. 1) 밑면, 윗면 2) 단면, 곡면 3) 좌변, 우변
3. 1) 변 2) 평면 도형
4. 윗변, 아랫변, 윗면, 아랫면

수와 숫자 |127쪽
1. 수, 숫자
2. 1) 기수, 서수 2) 이진법, 십진법
3. 1) 수 2) 기수법 3) 12진법
4. 기수, 서수

감상문 |132쪽
1. 문
2. 1) 운문, 산문 2) 기사문, 쌍기분
3. 1) 관찰 기록문 2) 전기문 3) 생활문
4. 독서 감상문, 시사 감상문

음악가 |133쪽
1. 음악가
2. 1) 연주자, 지휘자 2) 작곡가, 작사가 3) 가수, 성악가
3. 1) 음악 교사 2) 음악 감독 3) 피아니스트

어휘 퍼즐 |134쪽

알 / 숫자
부 / 성악가
일인자 / 수
용 / 곡 / 중
분회제 / 평면도형
중 / 중
앙
선상지 / 차석
휘 / 본보기
이자 / 험

종합 문제 |135~139쪽
1. ② 2. ① 3. ④ 4. ⑤ 5. ③ 6. ③ 7. ④ 8. ② 9. ④ 10. ①
11. ② 12. ⑤ 13. ④ 14. ③ 15. ⑤ 16. ⑤

문해력 문제 |140~141쪽
1. 경주 2. 세계 문화유산, 석굴암, 경주 3. ④ 4. ③

1. 방울토마토 2. 방울토마토, 관찰 3. ① 4. ③

집필위원

정춘수 권민희 송선경 이정희 신상희 황신영 황인찬 안바라
손지숙 김의경 황시원 송지혜 한고은 김민영 신호승
강유진 김보경 김보배 김윤철 김은선 김은행 김태연 김효정
박 경 박선경 박유상 박혜진 신상원 유리나 유정은 윤선희
이경란 이경수 이소영 이수미 이여신 이원진 이현정 이효진
정지윤 정진석 조고은 조희숙 최소영 최예정 최인수 한수정
홍유성 황윤정 황정안 황혜영

문해력 잡는 초등 어휘력 A-3 단계

글 이정희 송선경 신상희 안바라
그림 쌈팍
기획 개발 정춘수

1판 1쇄 인쇄 2025년 1월 16일
1판 1쇄 발행 2025년 1월 31일

펴낸이 김영곤 **펴낸곳** ㈜북이십일 아울북
프로젝트2팀 김은영 권정화 김지수 이은영 우경진 오지애 최윤아
아동마케팅팀 명인수 손용우 양슬기 이주은 최유성
영업팀 변유경 한충희 장철용 강경남 김도연 황성진
표지디자인 박지영 임민지

출판등록 2000년 5월 6일 제406-2003-061호
주소 (우 10881) 경기도 파주시 문발동 회동길 201
연락처 031-955-2100(대표) 031-955-2122(팩스)
홈페이지 www.book21.com

ⓒ ㈜북이십일 아울북, 2025

ISBN 979-11-7357-043-8
ISBN 979-11-7357-036-0 (세트)

• 제조자명 : ㈜북이십일	• 제조연월 : 2025. 01. 31.
• 주소 : 경기도 파주시 회동길 201(문발동)	• 제조국명 : 대한민국
• 전화번호 : 031-955-2100	• 사용연령 : 3세 이상 어린이 제품